노아 웹스터-사전을 만드는 아이
발행일 2021년 1월 3일

헬렌 B. 히긴스 지음 • 그레이 머로 그림 • 리빙북 옮김
표지 디자인 박미선
발행인 리빙북 경기도 군포시 오금로 43
이메일 livingbook.kr@hanmail.net
전화 031-943-1655
팩스(도서주문) 031-943-1674
출판등록 제399-2013-000031호
이 책은 저작권법에 의하여 보호 받는 저작물로, 출판사 허락 없이
무단 전제나 복제를 금합니다.

책값은 뒤표지에 있습니다
ⓒ 1961 Bobbs-Merrill
ⓒ 2020 Living Books
ISBN 978-89-92917-650-74840

위인들의 어린시절

노아 웹스터

리빙북

노아 웹스터
사전을 만드는 아이

헬렌 보이드 히긴스 지음
그레이 머로 그림
리빙북 옮김

차례

1. 언덕 위의 빨간집 ...9
2. 마을 학교 ...14
3. 눈보라 속에서 ...22
4. 애국자와 토리당 ...29
5. 새 친구 ...37
6. 애국심의 불길 ...47
7. 비버 놀이 ...52
8. 비누 만들기 ...65
9. 첫번 째 수업 ...73
10. 깜빡 잊어버리는 바람에 ...77
11. 노아의 계획 ...91
12. 은밀한 심부름 ...97

13. 메이플시럽 캠프 ...107
14. 도깨비 ...115
15. 보스턴 방문 ...126
16. 시끌벅적 대난리 ...140
17. 새로온 목사님 ...149
18. 스노우슈즈와 라틴어 공부 ...154
19. 예일 대학 ...165
20. 전쟁이 터졌다 ...173
21. 새로운 맞춤법 책 ...177
22. 결혼 50주년 기념 ...183
    여러분, 기억하나요? ...195
    노아 웹스터가 살던 시절 ...196

1.
언덕 위의 빨간집

　　　　　1766년 1월 이른 아침이었다. 웹스터 씨 농가에는 얼음같이 차가운 바람이 휘몰아쳤다. 웹스터 씨 집은 코네티컷 주 하트퍼드 시 서쪽 구역에서 멀지 않은 언덕 위에 있었다. 빨간 벽돌로 크고 튼튼하게 지어진 집이었다.

　불도 때지 않은 2층 침실에는 창문으로 눈이 몰아쳐 들어왔다. 그 방에는 큰 침대가 있고, 노아와 아브람 웹스터가 거기서 잤다.

　여덟 살짜리 노아는 벌써 잠에서 깨어 자기가 좋아하는

게임을 하고 있었다. 그러다 도움이 필요하자 형 아브람을 쿡쿡 찔렀다. "일어나! 내가 물어볼 게 있단 말이야." 붉은 머리 노아가 말했다.

"떠들지 마." 아브람이 잠결에 투덜거렸다. 그는 열다섯 살이었다. "그 실없는 낱말 게임, 다시는 나한테 물어보지 말라구." 그가 몸을 뒤집었다.

노아가 인상을 찡그렸다. 그는 종이를 실로 꿰어 만든 작은 공책을 들고 침대에 앉아 있었다. 그 게임은 흥미로운 낱말이 생각날 때마다 공책에 적어 넣는 게임이었다. 그런 다음 어른들한테 가서 그 낱말이 무슨 뜻인지 묻고 답을 적어넣었다. 마지막에 적은 낱말은 "딕셔너리(dictionary. 사전)"였다. 그는 빙긋 웃었다. 어쩐지 어렵고 긴 낱말이 좋았다.

"아브람, 딕-셔-너-리가 무슨 뜻이야?" 그가 한 음절씩 소리를 내며 물었다.

"나도 몰라. 관심 없어."

"아브람! 노아! 일어나라!" 아래층 부엌에서 아버지 목소리가 쩌렁쩌렁 울렸다. 그러자 아브람이 이불에서 나왔다.

노아는 어제 신문을 보고 적어 놓은 낱말 다섯 개를 한 번 더 봤다. 그리고나서 가파르고 좁은 계단을 타고 내려가 크고 네모진 부엌으로 갔다.

"노이, 표정이 왜 그래? 또 낱말 게임이야?" 러샤 누나는 열 살이었다.

"난 낱말을 공부해야 돼, 러샤. 그래서 어른이 되면 목사님처럼 책을 잘 읽고 싶어." 노아는 러샤의 땋은 머리를 살짝 잡아당기고는 달아났다.

그녀는 낄낄 웃으며 노아를 뒤쫓아 부엌에서 나갔다. 두 아이는 커다란 돌로 만든 벽난로에 불을 피울 장작을 가지고 들어오는 아브람을 거들어 주었다.

"이 깨끗한 부엌에 들어오기 전에 부츠와 장작에서 눈을 먼저 털어버려야지." 머시가 말했다. 머시는 가족 중 제일 깔끔한 큰 딸이었다.

"집 안을 깨끗이 치우는 게 여자가 해야 할 일이란다, 머시." 옥수수 죽이 든 솥을 벽난로 고리에서 내리던 웹스터 부인이 말했다. 활력이 넘치는 어머니는 쉬지 않고 집 안 일을 했다.

벽난로 중간에 걸려 있는 백바(back bar)는 아직 마르지 않은 통나무였다. 벽난로 안의 양쪽 벽을 파서 만든 홈에 그 통나무를 걸쳐 놓으면 아주 서서히 타들어 간다.

아브람은 묵직한 장작 세 덩어리를 가져왔다. 노아는 자기가 나를 수 있는 제일 무거운 장작 하나를 들고 휘청거리며 걸어왔다. 벽난로에 가까이 오던 그는 하마터면 불 속으로 넘어질 뻔했다.

"노이! 너 혼자 그렇게 무거운 장작을 들 수 없다는 걸 잘 알잖아?" 러샤가 하마터면 큰 일 날 뻔 했다는 듯이 말했다.

"노이, 제법 힘이 세졌구나." 웹스터 부인이 미소를 지으며 말했다. 그녀는 육척장신 형을 흉내 내고 싶었던 어린 아들의 마음을 잘 알았다.

"다음에는 네 몸집에 맞는 작은 장작을 가져와." 아브람이 놀렸다.

노아의 파란 눈에 불이 번쩍했다. 노아는 뛰어나가려고 출입문을 벌컥 열어젖히다가, 키가 크고 엄한 웹스터 씨와 딱 부딪혔다.

아버지는 신선한 우유를 담은 통을 가지고 들어오는 길이었다. 우유통이 철렁거리는 바람에 머시가 깨끗하게 닦아 놓은 마룻바닥에 엎질러졌다.

"아빠, 실수로 그랬어요! 화가 나서 급하게 밖으로 나가려다 그랬어요."

"걸레 가져와서 닦아라." 아버지가 조용히 말했다. "언제가 돼야 성경의 교훈을 배우려고 그러니? '서두르면 손해본다'고 하지 않았니? 노아 웹스터, 행동하기 전에 먼저 생각을 해야 된다."

"네, 알겠습니다."

이제 세 남매가 학교에 갈 시간이 되었다. 아브람은 여동생 러샤의 치마가 땅에 끌리지 않도록 러샤를 썰매에 태워서 끌고 갔다. 노아는 휘파람을 불며 웹스터 농장의 언덕을 터벅터벅 걸어 내려갔다.

2.
마을 학교

 교실이 하나밖에 없는 이 작은 학교는 1마일(1.6킬로미터) 떨어진 서쪽 구역의 한 가운데 있었다. 사람들은 그 학교를 "마을 학교"라고 불렀다.

노아는 선생님 보울즈 씨가 지각 종을 울리기 직전에 간신히 자기 의자에 가서 앉았다.

보울즈 씨는 키가 작고 얼굴은 쭈글쭈글 주름져 있었다. 옷은 낡고 허름한 긴 외투에 모직 바지, 그리고 누렇게 때가 찌든 셔츠를 입고 있었다. 교실은 빛이 부족해서 눅눅하고 어두침침하지만, 양미간이 좁은 그의 눈은 어느 구석에서 무슨 일이 일어나는지 하나도 놓치는 법이 없었다.

그의 책상은 교실에서 유일하게 따뜻한 부분인 벽난로 옆에 있었다. 노아는 다른 어린 학생들과 함께 선생님을 향해서 놓인, 등받이 없는 긴 의자에 앉아 있었다.

더 큰 소년 소녀들은 세 면의 벽을 향해 놓여 있는 더 높은 긴 의자에 앉아 있었다. 벽에 붙어 있는 선반이 그들의 책상이었다. 그 아래 좁다란 선반은 물건을 넣어놓는 공간이었다.

"5페이지." 보울즈 선생님이 노아가 있는 어린 학년들에게 자를 들어 보이며 지시했다.

노아는 그 페이지를, 아니 딜워스 맞춤법 책의 많은 부분을 다 외우고 있었다. 지금 그는 마음속으로 딴생각을 하고 있었다. 지금까지는 다행히 선생님한테 걸리지 않았다.

당시에는 아이들이 다 같이 소리내어 읽으며 공부를 했다. 보울즈 선생님이 자로 책상을 때리며 첫 번째 줄을 읽었다. 시작하라는 뜻이었다. 그러면 아이들이 큰 소리로 말했다.

"비-베-비-보-부."

"싸-쎄-씨-쏘-쑤."

"다-데-디-도-두."

그 소리는 마치 거대한 벌떼가 윙윙대는 소리 같았다.

"너, 실수했지." 선생님은 무서워서 벌벌 떠는 한 소녀를 가리키며 말했다. "다 같이, 다시 시이--작!"

그런 일은 흔히 있었다. 모든 아이들이 다 맞게 해야만 다음으로 넘어갈 수 있었다. 노아는 기회를 엿보았다. 보울즈 씨가 교실 저쪽으로 걸어가면 노아는 책의 뒷부분을 펼 것이다. 그 낱말들은 길고도 재미있는 낱말들이었다.

"캐-터-필-러(caterpillar). 이건 털이 복슬복슬한 벌레야." 노아가 아는 낱말이었다. 그래서 다음으로 넘어갔다.

노아는 너무나 재미있어 자기 짝 스티브 코너가 자기를 쿡 찌르는 것도 모르고 있었다. 고개를 들어보니 교실에는 침묵이 흐르고 있었다. 아이들 모두 자기를 쳐다보는 것도 몰랐고, 보울즈 씨가 자기한테 걸어오는 발걸음 소리도 못 들었던 것이다.

갑자기 덥석 멱살이 잡히더니, 노아의 몸이 들어 올려졌다. 그리고 이빨이 덜덜 떨릴 정도로 격렬하게 몸이 흔들렸다. 노아는 그 때에야 비로소 들통이 났다는 걸 깨달았다.

"뭘 하는 거냐, 노아 웹스터?"

"맞춤법 책 뒷부분에 있는 낱말들을 읽고 있었습니다."

"그래서 네가 다른 아이들보다 더 똑똑하다고 생각한단 말이냐?"

"그렇지 않습니다."

"강단 앞으로 나가라."

노아는 어깨를 펴고 앞으로 갔다. 그리고 선생님 책상 옆에 걸려있는 회초리를 보았다.

이번에는 보울즈 씨가 회초리가 아니라 펜을 들었다. 그는 종이에 뭔가를 써서 노아에게 주었다. "이걸 읽을 수 있겠나?" 그가 물었다.

"네, 선생님."

"좋아. 큰 소리로 오백 번 읽어라. 속이면 안 돼."

"웹스터 집 안은 속이지 않습니다." 노아가 화가 나서

말했다.

"말대꾸도 하면 안 돼. 손을 앞으로 내밀어!"

보울즈 씨는 자로 노아의 손바닥을 세 번 갈겼다. 노아는 움찔했다. 그리고 깊은 숨을 들이쉬고 그가 받은 벌대로 읽기 시작했다. 학생들은 다시 음절을 읽기 시작했다.

노아의 목소리가 함께 어우러졌다. "하나, 이제부터 선생님 말씀을 잘 듣겠습니다. 둘, 이제부터 선생님 말씀을 잘 듣겠습니다." 읽을 때마다 몇 번째인지 숫자만 바뀠다.

처음에 그는 바닥만 내려다보았다. 손보다 더 아팠던 것은 그의 자존심이었다. 처음으로 남들 앞에서 벌을 받는 것이었다. 노아는 한 남자아이의 눈과 마주쳤다. 그는 노아를 웃기려고 이상한 표정을 지어 보였다. 노아는 웃지 않으려고 침을 꿀꺽 삼켰다.

그는 창문 밖을 내다보더니 읽기를 멈췄다. "저것 봐!" 그가 소리쳤다. "사슴이야!" 그 소리에 학생들이 모두 자리에서 일어났다.

"즉시 앉아라!" 보울즈 씨가 사슴을 쫓아내려고 유리창을 쿵쿵 두드렸다. "노아, 저쪽 구석에 가서 벽을 보고 서라. 오백 번에다가 이제 백 번을 더 읽어라. 모두 다 네 시 반에 파한다."

"저쪽 구석"이란 교실에서 제일 추운 곳이었다. 노아는 재채기를 하며 떨기 시작했다.

"또 읽어… 또 읽어… 또 읽어…." 그의 머리 위에 걸려 있는 벽시계가 그렇게 말하며 똑딱똑딱 거렸다. 노아가 빙긋 웃었다. 그는 그때부터 시계 소리에 맞추어 벌을 받은 숫자만큼 다 읽었다.

점심 때가 되자 한 소년이 노아의 도시락을 집어다 먹어버렸다. 어떤 소년들은 그에게 눈덩이를 던졌다. 다른 소년들은 그를 눈더미 속에 처박았다. 모두 노아 때문에 학교를 늦게 파하게 되어 화가 난 것이었다.

"우리 아빠가 너희 아빠한테서 빌려온 농부의 연감 다 읽으셨다고 했어." 학교가 파할 때 스티브 코너가 그에게 말했다.

"그럼 지금 연감 가지러 갈게. 우리 아빠는 항상 새 연감이 나오자마자 그걸 사시거든."

농부의 연감에는 온갖 종류의 흥미로운 정보가 다 들어

있다. 노아는 자기가 제일 좋아하는 낱말들을 오래된 연감에서 발견하곤 했다.

"어디 가는 거야?" 형 아브람이 소리쳤다.

"금방 뒤 따라갈게." 노아가 말했다.

그는 스티브와 함께 등 뒤로 바람을 받으며 코너 씨 집으로 갔다. 갈 때까지는 괜찮았다. 하지만 반 시간 후 집으로 돌아갈 때에는 바람이 거세게 불고 눈이 오고 점점 어두워지기 시작했다. 자기가 애지중지하는 연감은 주머니 속에 있었다. 그는 주머니에 손을 넣어 만져보았다. 스티브 집에 가서 그걸 가져오기를 참 잘했다고 생각했다.

3.
눈보라 속에서

 바람은 점점 더 세게 휘몰아쳤다. 노아는 목도리를 입까지 끌어올렸다. 이제 숨쉬기가 더 쉬워졌다.

노아는 학교 앞을 지나가면서 썰매 자국을 찾아보았다. 아무 자국도 없었다. 크게 고함을 쳤다. 아무 대답도 없었다.

"아이들이 아직 멀리 가지는 않았을 거야." 그렇게 말하면서 눈을 가늘게 뜨고 앞을 보았다.

"곧 소나무 세 그루를 지나고, 그다음에 방앗간을 지나고, 그러면 개울이 나오고, 그러면….” 그러다가 미끄러져 길가의 눈더미 속으로 푹 쓰러졌다. 그는 다시 기어나와서 두 발로 일어섰다.

그는 앞을 보고, 양옆을 보고, 뒤를 보았다. 갑자기 등줄기가 오싹해졌다.

“내가 어느 방향으로 가고 있지? 난 길을 잃었어!” 그 순간 작년 봄 눈이 녹고 난 뒤 죽은 남자의 시체가 발견된 사건이 떠올랐다.

“아마도 그 사람은 잠이 들었던 거야.” 아버지가 그렇게 말했었다. “눈보라를 만나면 절대 잠이 들어서는 안 된다. 계속 고함을 쳐야 돼. 누군가 근처에 사람이 있을지도 모르니까. 그렇지 않다고 해도 계속 고함을 쳐야 된다. 깨어 있어야 돼!”

“아빠! 아브람! 아브람! 아빠! 저 여기 있어요!” 노아가 고함을 쳤다. 하지만 아무 대답이 없었다.

“내가 아는 집이 보였으면 좋겠는데…. 놀란스 씨 집이라든지…. 하지만 보이는 거라곤 눈밖에 없잖아. 하지만 이젠 좀 덜 춥다.” 그가 하품을 했다. 그러자 잠이 들까 봐 겁이 덜컥 났다.

"아빠! 아브람! 대답해 주세요! 저 여기 있어요!"

그가 눈을 가늘게 떴다. 멀지 않은 곳에 희미한 불빛이 보였다. "아빠!" 그가 소리를 질렀다.

"우리가 간다, 노아. 계속 소리를 질러. 우리가 가까이 있어. 가만히 제자리 서서 소리를 질러라!"

몇 분 후 아버지와 아브람이 눈밭을 헤치며 등불을 흔들며 오고 있었다. 아버지는 노아를 들어서 안고 갔다.

얼마 후 그는 담요에 둘둘 말려 훨훨 타는 불 가에 앉아 있었다.

네 살난 찰리가 그의 팔에 매달렸다. "형은 길을 잃었어. 내가 창문으로 보고 있었는데, 형이 안 왔어." 그가 말했다.

"이 따뜻한 사과쥬스 마셔." 머시가 말했다.

"왜 스티브를 따라갔어?" 러샤가 물었다.

"아빠의 연감 가지러." 노아가 말했다. "내가 눈더미에 빠졌지만, 연감은 눈 속에 안 빠트렸는데, 어디 갔지? 내 주머니에 있었는데."

"여기 있어. 하지만 흠뻑 젖었어." 러샤가 말했다. "그게 마를까요, 아빠?"

"노아, 고맙다." 아버지가 말했다. "그래. 다시 마를 거다, 러샤."

"정말 큰일 날 뻔했어." 러샤가 어린 동생을 꼭 안으며 말했다.

"다행히 아무 일도 없었구나." 어머니가 말했다. "모험을 한 거지. 나중에 손주들한테 들려주렴."

행복한 저녁이었다. 그들은 수수께끼 내기를 했다. 그리고 아버지가 성경을 읽어주었다. 그는 기도할 때 하나님께서 노아를 보호해주셔서 감사하다고 말했다. 그리고 어머니는 노아가 잠자리에 들 때 발밑에 따뜻한 벽돌을 놓아주었다.

"계속해서 눈이 오네. 어쩌면 내일 학교에 안 가도 되겠어." 아브람이 좋아하며 말했다.

노아는 아무 대답도 없었다. 잠이 들었던 것이다.

....

다음 날 아침 노아는 부엌으로 내려오면서 기침을 했다. 어머니는 그의 이마를 짚어보고 가슴에 귀를 대보았다. 웅웅거리는 소리가 들렸다.

"난로 옆에 앉아라, 노아." 그녀가 애처로운 표정으로 말했다. "러샤, 양파 한 무더기와 가슴에 대는 찜질 주머니를 따뜻하게 데워줄래? 노이가 감기에 걸렸어."

"엄마, 전 안 아파요! 그냥 열만 있어요. 양파 찜질 안 할래요. 냄새가 지독해요."

"노이, 엄마 말 들어. 곧 감기가 없어질 테니까." 어머니가 엄하게 말했다.

"엄마, 제가 찜질 양파 만들게요." 러샤가 졸랐다. 어머니가 고개를 끄덕였다. 그 어린 소녀는 이 세상에 그 무엇보다 다른 사람들을 돌봐주는 걸 좋아했다.

"양파를 가늘게 썰어서…."

"저도 알아요. 옥수수 가루 한 줌을 물에 넣고 죽이 될 때까지 끓이는 거죠? 노이한테 찜질을 해줄게요."

"안 돼. 잘못하면 너무 뜨거워서 델 테니까." 노아가 얼른 말했다.

"감기를 내쫓으려면 약간은 어쩔 수 없지." 러샤가 어른 목소리를 흉내 내며 말했다.

아버지가 또 장작을 한 아름 가지고 들어왔다. 그리고 잠시 난롯가에 서서 손을 녹였다.

아브람이 서둘러 뒤따라 들어왔다. "우리 뒷마당에 방

금 난 곰 발자국이 있어요." 그렇게 말하며 벽난로 위의 선반에 있는 총을 집더니, 구석으로 가서 눈 올 때 신는 스노우슈즈를 집었다. 그가 곰을 잡으러 밖으로 달려나가자, 노아가 모자도 외투도 없이 따라 나가려고 했다.

"노이!" 어머니가 불렀다. "나가면 안 된다는 걸 알잖니. 여보, 노아가 열이 나고 기침을 해요."

"그렇다면 새 연감을 읽어 주면 도움이 되겠지." 아버지가 미소를 지으며 말했다. "나도 바빠서 한동안 못 읽었거든."

노아가 빙그레 웃었다. 연감을 읽는다니, 이제 양파 찜질마저도 그리 괴롭지 않을 것 같았다.

아침 식사 후 어머니는 노아 가슴에 양파를 놓고 헝겊으로 덮었다. 그리고 노아가 쓴 체리와 쓴 박하로 만든 약을 삼키는 동안 어머니가 그의 코를 쥐고 있었다.

곧 아브람이 실망한 얼굴로 돌아왔다. "눈이 너무 많이 내려서 곰 발자국들이 모두 사라져버렸어요."

노아는 이제 담요를 둘둘 말고, 맞춤법 책에서 자기가 모르는 낱말들을 거위 깃털 펜으로 공책에 적었다.

그날 밤 노아는 감기 때문에 동생 찰리가 자는 바퀴 달린 침대에서 잤다. 나머지 가족들은 벽난로 옆 바닥에서 매트리스를 깔고 잤다. 웹스터 집에는 침실이 이 층에 두 개, 아래층 거실 옆에 두 개가 있지만, 부엌에만 불이 있었고 그것도 벽난로 옆에만 따뜻했기 때문이다.

처음에 노아는 잠이 오지 않았다. 그는 벽난로의 불빛에 방 안에 그림자가 생기는 걸 쳐다보았다.

벽시계가 선명하게 보였다. 고조할아버지, 윌리엄 브래드포드가 영국에서 메이플라워호 배를 타고 올 때 가져온 것이었다.

선반 위에 놓여 있는 성경책에는 증조할아버지 존 웹스터부터 찰리까지 가족들의 이름이 모두 적혀 있었다. 그것도 그 배를 타고 건너온 것이었다. 그리고 플리머스에서부터 수백 마일에 이르는 숲과 늪지와 강을 건너 하트퍼드까지 왔다.

윌리엄 브래드포드와 존 웹스터는 두 사람 다 주지사였다.

"언젠가 나도 주지사가 되겠지. 그러면 우리 나라를 위해서 많은 일을 할 수 있어." 노아가 생각했다.

4.
애국자와 토리당

다음 날 아침에 일어나보니 눈이 창문 중 턱까지 높이 쌓여 있었다. 눈보라가 언덕 위의 집 주변을 돌며 왱왱거렸다.

아버지는 걱정스런 얼굴로 헛간에서 돌아왔다. "닭들을 집으로 옮겨야겠어요." 그가 말했다. "밤새 한 마리가 얼어 죽었어요. 그것들을 어디에 놔두죠?"

"자리는 있을 거예요." 어머니가 복작복작한 방을 둘러보며 말했다. "몇 마리밖에 없으니 다행이죠."

어머니는 머시와 함께 거실에 있던 안락의자들을 부엌

으로 가져와 한쪽 구석에 담장을 만들었다. 그리고 그 속에 닭을 넣고 의자에 이불을 걸쳐서 닭들이 바깥으로 나오지 못하게 했다.

그날 오후 가족들은 일감을 가지고 벽난로 옆에 모여 앉아 있었다. 아브람은 토끼 덫을 만들고 있었다. 어머니, 머시, 러샤는 바느질을 하고 이불을 만들고 뜨개질을 했다. 노아는 아브람의 도움을 받아 러샤의 의자를 고치려고 했다. 그는 아직 주머니칼을 잘 다룰 줄 몰랐다.

"칼을 몸에서 먼 방향으로 밀어야 돼, 노아." 아브람이 다시 상기시켜 주었다. "그렇지 않으면 손가락을 벨 수 있거든."

갑자기 러샤가 의자에서 벌떡 일어났다. "추워요." 그녀가 말했다. "우리 행진하며 노래해요. 노아, 네가 바이올린을 켜."

모두 다 그 놀이에 참여했다. 노아는 가짜 바이올린의 활을 아래위로 당겼다. 그들은 모두 노래를 불렀다. 그리고 행진을 하자 마룻바닥이 울렸다. 그들이 막 두 번째 노래를 시작할 때, 갑자기 쾅 소리가 났다.

벽난로의 백바 나무가 타서 무너져 내리는 바람에, 걸

려놓은 무쇠 냄비 세 개가 쾅! 하고 떨어진 것이었다. 불꽃이 방 안 이리 저리로 튀었다. 아브람이 뛰어가서 물을 가져왔다. 아버지는 나가서 눈을 가져왔다.

"러샤, 찰리를 뒤쪽으로 데려가라." 어머니가 차분하게 말했다. "노이, 의자를 뒤로 치워. 러샤가 뜨개질 하던 게 불에 붙었구나."

노아는 닭장에서 이불을 당겨서 불꽃 위에 덮고 발로 쿵쿵 밟았다.

곧 위험은 제거했지만, 벽난로는 눈과 양파와 국으로 엉망진창이 되었다.

"불 곁에 아무도 없었던 게 참 감사하구나." 어머니가 말했다. "이제 치워야겠다."

아버지는 장작을 가지러 헛간에 갔다. 닭 몇 마리가 의자 뒤에서 나와서 발에 걸리적거렸다. 별안간 이불에 불이 확 붙었다. 노아와 아브람이 그것을 끌고 밖으로 가져나갔다.

저녁 식사 시간이 되서야 벽난로가 식어서 아버지와 아브람이 새 백바를 넣을 수 있었다.

"제가 고리를 걸게요." 노아가 졸랐다. "그리고 냄비도 제가 걸게요."

다시 불을 피웠지만, 방안을 덥힐 때까지는 한참을 기다려야 했다. 그들은 모두 빵, 우유, 사과 소스를 먹고는 즉시 잠자리로 갔다.

다음 날이 되자 노이는 몸이 한결 나아졌다. 하지만 밖에는 눈보라가 격렬하게 불어 닥쳤다. 아버지와 아브람이 집 앞 보도에서 열심히 눈을 치웠지만 반도 못 치웠다. 그날과 그 다음 날은 바빴지만 즐겁기도 한 날이었다. 그들은 게임을 하고 호두를 까고 사과를 구웠다.

네 번째 날이 되자 해가 나오고 바람이 멎었다. 드디어 밖에서 놀 수 있게 되었다. 노아는 헛간에서 나오다가 눈 덮인 하얀 길에 멀리서 빨간색 공 같은 것이 까딱거리는 것을 보았다. 자세히 보니 어떤 남자의 모자였다.

그 남자는 스노우슈즈를 신고 언덕으로 올라왔다. "안녕!" 그가 부르며 손을 흔들었다.

"머시, 존이 왔어." 노아가 소리쳤다.

그의 누나가 서둘러 나와 손을 흔들어 주더니, 다시 집으로 뛰어들어갔다.

"누나는 옷 갈아입으러 갔어." 존 휴가 가까이 오자 노아가 말했다.

이 말쑥한 젊은이는 집을 다 짓는 대로 곧 머시와 결혼하기로 되어 있었다.

온 가족이 손님과 함께 벽난로 옆에 둘러앉았다. 머시는 일요일 교회에 갈 때 입는 좋은 옷을 입고 있었다.

존은 눈 때문에 이틀 동안 갇혀 있었다. 그들은 모두 눈보라 때문에 일어났던 일에 대해 얘기를 나누었다.

"요즘에는 쇠로 된 백바(back bar)가 나왔어요." 존이 벽난로 사건을 듣더니 말했다. "저도 그걸 사서 쓰려고요."

"나도 그래야겠어." 아버지가 말했다. "봄이 되면 하트퍼드 시에 같이 가지."

"우리는 지금 축하 파티를 하는 거야." 존이 머시에게 말했다. "물른 양 가게에 들러서 스페인에서 온 건포도와 보스톤에서 온 박하사탕을 샀어."

"축하한다고?" 노이가 물었다.

"응. 눈보라가 그친 걸 축하하는 거지." 존이 말했다.

"너희들 내가 준 사탕 천천히 먹어. 오늘 두 개 다 먹지 말고." 머시가 말했다.

노이는 사탕을 먹은 뒤 달콤한 건포도는 주머니에 넣어 아껴 두었다.

존은 아버지에게 하트퍼드에서 매주 발행되는 코네티컷 큐런트 신문을 가져왔다.

"그 늙은 인쇄업자 찰리 존슨이 토리당이 됐어요. 인지세를 붙인 종이를 사용하고 있어요." 존이 그렇게 말하며 신문 윗부분에 붙은 작은 우표를 보여주었다.

노아가 그 부분을 창문 옆 햇빛에 가져가서 자세히 보았다.

"안좋은 소식이구나. 하지만 그는 자기 생각에 옳다고 믿는 대로 행동 할 권리가 있지." 아버지가 말했다.

"미국 식민지 주민들이 법을 만드는 영국 의회에 아무런 발언을 하지도 못하게 하면서 영국에 세금을 바치라는 것은 공정하지 않아요." 존이 말했다.

"애국자 제임스 오티스가 그렇게 말했지. '대표 없는 과세는 폭정'이라고. 나도 동감이야." 아버지가 말했다.

"영국은 우리 돈을 걷어서 어디에 쓰나요?" 노아가 흥분한 투로 물었다.

"우리 땅에 영국군 수천 명을 주둔시키는 데 사용하

지. 하지만 우린 그걸 원하지 않아." 존이 분노하며 말했다. "만일 인디언이 공격한다고 해도 우리 스스로 방어할 수 있어."

"토리당은 우리가 영국의 시민이기 때문에 영국에 돈을 바쳐야 된다고 생각해." 아버지가 말했다.

"우리는 영국인이 아니에요! 우리는 미국 식민지인이에요! 만일 그렇지 않다고 하면 가만히 두지 않겠어요." 존이 말했다.

"나도 마찬가지야." 아브람이 벌떡 일어서며 말했다.

"그 영국 군인들, 여기 오지 않는 게 좋을 걸. 내가 저 눈더미 속에 처박아 버릴 테니까!" 노아가 의기양양하게 말했다.

"우리는 지금 눈보라가 그친 걸 축하하고 있잖니?" 어머니가 명랑하게 말했다. "옥수수로 팝콘을 만들어서 메이플시럽을 묻혀서 먹자."

"웹스터 애국자들, 만세!" 존이 찰리를 공중으로 계속 내던지며 말했다. 찰리는 이제 그만 내려달라며 낄낄거렸다.

5.
새 친구

 3월 중순이 되자 웹스터 가족은 4마일 떨어져 있는 하트퍼드 시에 갔다.

좁고 질퍽한 길에는 바퀴 자국이 움푹 패 있었다. 소들은 평소보다 빨리 움직였다. 온 가족이 하트퍼드에서 볼 일이 있었다.

머시는 웨딩드레스를 만들 옷감을 사야 했다. 어머니는 집안일에 필요한 물건들이 이것저것 많이 있었다. 아버지와 아브람은 쇠로 된 백바와 무쇠 쟁기를 사야 했다. 러샤는 자기가 모은 돈으로 머리 묶는 리본을 두 개 사고 싶어 했다.

"제가 찰리를 데리고 가서 사탕을 사줄게요." 러샤가 명랑하게 말했다.

"저는 가서 코네티컷 큐런트 회사를 찾아보고 싶어요." 노아가 말했다.

"그 늙은 토리당 존슨 씨 회사에는 안가는 게 좋을 텐데." 아브람이 찌푸리며 말했다.

"신문을 사진 않을 거야. 어떻게 인쇄되는지 보기만 하려고." 노아가 말했다.

하트퍼드 시의 시계가 열 시를 울릴 때 웹스터 가족의 수레가 식당 앞에 다다랐다. 그들은 그곳에서 일찌감치 점심을 먹었다.

노아는 식당에 처음 와 보았다. 그 바람에 마음이 들떠서 제대로 먹지도 못했다.

몇몇 남자들이 웹스터 씨에게 와서 인지조례에 대한 의견을 듣고 싶어 했다. 모두 그의 말에 귀를 기울여 들었다.

"아빠는 중요한 사람이야." 노아가 소곤거렸다.

"그런 것 같아. 하지만 얼른 상점에 가고 싶어." 아브람이 대답했다.

그들이 떠날 때 시계가 열한 시를 가리켰다. "세 시에 여기서 다시 만나자." 아버지가 말했다. "노아, 인쇄소를 찾을 수 있겠니?"

"네. 찾을 수 있어요." 노아가 달려가며 대답했다. 그는 상점을 여러 개, 교회 두 개, 그리고 학교를 지나갔다.

거기에는 마당이 널찍한 고급 주택들이 있었다. 그중 한 집에 어떤 소년이 털이 복슬복슬한 흰 개와 함께 공 던지기 놀이를 하고 있었다.

'와, 저 애는 머리를 뒤로 묶고 주름 잡힌 셔츠에 버클 달린 구두를 신었네. 오늘은 일요일도 아닌데.' 노아가 생각했다.

"쇼니, 높이 던질 테니 받아!" 노아가 보니 공이 위로 날아갔다. 그 개가 그 공을 잡으려고 쫓아갔다. 그는 커다란 참나무 주변을 돌며 쿵쿵거렸다. 그 아이도 함께 공을 찾고 있었다.

"나무 속으로 들어간 거 같아." 노아가 도와주려고 마당으로 뛰어가며 말했다.

"그게 무슨 말이야?" 그 아이가 물었다.

"저 첫 번째 가지 근처에 떨어진 것 같았는데, 그다음에는 안 보여."

"참 이상하네. 근데, 저 나무 둥치에는 이상한 구멍이 있대. 내가 처음 여기 놀러 왔을 때 윌리스 삼촌이 가르쳐주셨어."

"내가 네 어깨에 올라가면 공을 찾을 수 있을 것 같아." 노아가 말했다.

"고마워." 그 소년이 말하면서 몸을 구부리자, 노아가 그의 어깨에 올라갔다.

"저기 구멍이 있어. 하지만 여기선 잘 안 보여. 아, 잠깐!" 노아가 말했다. 그러면서 나뭇가지 위로 몸을 쭉 뻗었다. 그리고 나뭇잎이 가득 차 있는 구멍에 손을 넣었다.

"거기서 썩 내려오지 못해! 이 말썽꾸러기. 감히 그 나무에 올라가다니! 죠프리 로스, 왜 저놈이 올라가게 내버려 뒀냐?" 한 노인이 화가 나서 고함을 치며 집에서 절뚝거리며 나왔다.

노아는 얼른 바닥으로 내려왔다. 그 노인이 노아의 얼

굴에 대고 지팡이를 휘둘렀다.

"윌리스 삼촌, 제 공이 저 나무 구멍에 빠진 것 같아요." 죠프리가 설명을 했다.

"너희 두 놈 다 혼찌검을 내줄 테다. 네 이름이 뭐냐? 어디서 왔어? 넌 지금 미국 식민지에서 제일 특별한 나무를 타고 있었다는 걸 아느냐? 내가 절대로 손도 대지 못하게 하는 이 헌장 참나무를 말이다!"

"저는 노아 웹스터예요. 웨스트 페리스에서 왔어요. 이 나무가 그렇게 특별한 나무인지 몰랐어요."

"네가 코네티컷에서 나서 자랐다면서 이 나무를 몰라? 이런 되먹지 못한 경우가 또 있나! 앉아라. 죠프리와 내가 이 헌장 참나무 이야기를 해줄 테니까."

"죄송합니다. 하지만 저는 세 시 전까지 중요한 볼일이 있어요."

"노아 웹스터, 이 헌장 참나무에 대해서 듣는 것보다 더 중요한 일은 없어. 그러니 앉아서 들어라." 그가 벤치에 앉자 쇼니가 공을 주인의 발에 떨어뜨렸다.

....

"조용히 들어봐!" 윌리스 스트롱 씨가 말했다. "노아 웹스터, 네가 올라간 이 나무는 백 년 전에 백인 정착민들이 이곳에 왔을 때도 바로 여기 서 있었어. 수키옥 인디언 부족이 섬기던 나무였지."

"인디언들은 이 참나무 잎이 쥐의 귀만큼 커지면 이제 옥수수를 심을 때가 됐다는 걸 알았지." 죠프리가 덧붙였다.

"그래서 인디언들은 백인들한테 이 나무가 자기들에게 축복이니까 건드리지 말라고 부탁했어." 스트롱 씨가 계속 이었다. "개척자들은 위험한 황무지를 헤치고 백 마일을 여행해서 이곳으로 왔어. 그들은 자신과 가족들을 위해서 자유와 독립을 얻기로 결심을 했지."

"저희 고조할아버지 두 분 다 그때 같이 오셨어요." 노아가 자랑스럽게 말했다. "두 분 다 식민지의 주지사였어요."

스트롱 씨가 미소를 지었다. "그러면 넌 이 용감한 사람들이 그들 스스로 법을 제정했다는 사실을 알겠구나…."

"코네티컷의 기본 법령이죠." 죠프리가 말했다. "저희 고조할아버지도 그때 법을 함께 만드셨잖아요."

"하지만 영국의 신하로서 그들은 여전히 영국 국왕의

다스림을 받았어." 스트롱 씨가 이어서 말했다. "하지만 영국 왕들은 식민지주민들한테 점점 더 많은 걸 요구했지.

개척자들은 마침내 그들 자신의 헌장이 있어야 한다고 결정했어. 영국 왕 찰스 2세가 그들의 권리를 인정해주는 성문법 말이야. 윈스롭 주지사는 영국에 가서 국왕과 의논을 했어.

국왕은 주지사한테 아주 훌륭한 헌장을 주었지. 코네티컷 식민지 주민들에게 거의 완전한 자치권을 허락한 거야." 스트롱 씨가 계속 말했다. "우리 조상 중에 사무엘 윌리스는 그 귀중한 헌장을 처음으로 보존한 사람이었어."

"그 헌장 덕분에 우리 주는 미국 식민지 중에서 아주 독립성이 강한 식민지가 된 거야.

"그 이후 25년이 지났지. 제임스가 왕위에 오르자 그는 미국 식민지를 통제하려고 했어. 그래서 에드먼드 앤드로스 경을 보내서 코네티컷, 로드아일랜드, 플리머스, 매사추세츠, 그런 지역을 다스리게 했어."

"우리가 좋아하지 않았겠죠?" 노아가 재빨리 말했다.

"그래서 어떻게 됐어요?"

"앤드로스 경은 코네티컷에 와서 우리 헌장을 철회하겠다고 우리 의회에 통보했어.

마침내 앤드로스 총독이 방문하는 날이 되었지. 집회실에는 열두 개도 넘는 촛불이 타고 있었어. 총독 앤드로스가 공식 복장을 차려입고 들어와서 헌장을 철회하는 연설을 했어."

"그럴 수가, 그럴 리가 없을 텐데……." 노아는 너무 흥분해서 말을 제대로 할 수가 없었다.

"제가 알아요." 죠프리가 말했다. "그가 헌장을 가져가기 전에 촛불이 다 꺼져버렸죠. 방 안이 캄캄해졌고요. 그리고 촛불을 다시 밝혔을 때 헌장은 사라지고 없었어요!"

"어디 갔어요? 누가 가져갔어요? 총독 앤드로스가 가져갔나요?" 노아가 스트롱 씨에게 바짝 다가섰다.

"아니. 그건 훌륭한 음모였어. 방이 캄캄해지는 순간, 의원들이 헌장을 창밖으로 내보냈어. 한 젊은이가 그걸 받아서 외투 속에 숨겼지."

"그는 천천히 건물 밖에 있던 군중 사이를 걸어서 불

빛이 없는 곳까지 갔어요. 그리고는 즉시 이곳에 달려와서 그 헌장을 저 참나무 구멍 속에 넣었어요." 죠프리가 말했다.

"얼마나 오래 저 속에 있었어요?" 노아가 물었다.

"앤드로스 총독이 영국으로 돌아간 뒤에야 헌장이 다시 나타났어." 스트롱 씨가 대답하자 노아는 자신이 올라갔던 나무를 올려다보았다.

"다시는 저 나무에 올라가지 않을게요. 하지만 한번 올라가 봐서 정말 다행이에요. 헌장을 숨겨두었던 구멍을 봤어요." 노아가 말했다.

"저 나무에서 떨어진 도토리를 좀 주랴? 내가 매년 가을 저 나무에서 떨어진 도토리를 모으거든."

"아, 주시면 제가 웹스터 언덕에 그걸 심을게요." 노아가 신이 나서 말했다. "고맙습니다."

6.
애국심의 불길

길에서 고함 소리가 들렸다. 남자들이 달려갔다. 어른과 아이들이 모두 모였다. 한 사람이 횃불을 들고 있었다.

"인지세를 붙인 종이를 불태워라! 반역자를 마을에서 몰아내라!" 그들이 소리쳤다.

"가보자!" 노아가 소리쳤다. 죠프리는 쇼니를 들어 안고 노아와 함께 군중 뒤를 따라 달려갔다.

남자들은 작은 건물의 문을 쾅쾅 치고 있었다. 그들은 찰스 톰슨 인쇄소라는 간판을 부숴버리고 문을 확 열어

젖혔다. 안에서 신문 더미를 가지고 나와서 부서진 간판 위에 내 던지고 횃불로 불을 붙였다.

군중들은 야유하며 고함쳤다. 노아는 세 사람이 인쇄소 뒤로 달려가는 걸 보았다. 키가 작고 옅은 금발의 찰스 톰슨이 출입문으로 나왔다.

남자들이 몽둥이를 들고 그를 향해 가기 시작했다. 그가 손을 들자, 즉시 모두 조용해졌다.

"나는 영국인입니다. 국왕한테 충성을 맹세했습니다. 나는 나한테 돈이 있는 한 인지세를 낼 겁니다. 하나님께서 국왕을 우리에게 주셨단 말입니다!" 그가 단호하게 말했다. 그리고 잠시 서있더니 다시 인쇄소로 들어갔다.

"그의 집을 불 질러라! 마을에서 쫓아내라!" 어떤 사람들이 외쳤다. 다른 사람들은 그곳을 떠났다.

노아의 눈에 불이 이글거렸다. 그리고는 옆에 서 있던 소년의 배에 머리를 들이 받았다. 그러자 그 소년이 진흙바닥에 납작하게 넘어졌다. 그러자 한 큰 소년이 노아를 땅바닥에 내던졌다. 그러자 죠프리가 그 소년한테 발길질했고, 쇼니는 컹컹 짖었다.

"그만둬! 여기서 나가! 너보다 더 어린 아이를 괴롭히지 마! 썩 꺼져!" 아브람이 길 건너편에서 달려와서 소리치며 소년들을 쫓아버렸다.

아브람은 큰 소년들을 내쫓으며, 노아의 셔츠 꼬리를 잡았다. "상대방과 겨룰 만큼 클 때까지 기다려, 노아."

"고마워." 죠프리가 말했다.

"너하고 개는 다치지 않았지? 이름이 뭐니?" 아브람이 물었다.

"죠프리 로스야. 이곳에 다니러 왔어."

"가자, 노이. 부모님을 만날 시간이야. 어머니가 오실 때까지 기다려."

"아직 인쇄기를 못 봤어." 노아가 말했다. "죠프, 가자."

"무슨 일이 있어도 포기란 걸 모르는구나. 그게 네 이름이야." 아브람이 길 쪽으로 서둘러 가며 말했다.

존슨 씨는 인쇄기 조각을 주섬주섬 주워 모았다. 문 앞에서 군중들에게 말하는 동안 폭도들이 들어와서 그걸 부쉈던 것이다. "너희 둘, 뭣 땜에 왔니?" 그가 화를 내며 물었다.

노아가 인쇄하는 걸 구경하고 싶어 왔다고 말했다.

"새 인쇄기를 사야되니까, 그때 와라. 그리고나서 또 폭도들이 부서뜨리는 걸 봐라."

"아저씨의 국왕에 대한 충성심을 존경해요, 비록 저는 애국자이지만요." 죠프가 말했다. "대부분의 사람들은 무서워서 말도 못 꺼내거든요."

그들은 모두 악수를 했다.

"넌 마치 목사님 처럼 말하고 곰처럼 싸우더라." 길을 따라 내려오면서 노아가 죠프에게 말했다.

"넌 염소처럼 들이받던 걸." 죠프리가 말했다. "노아, 우리 삼촌 로버트 놀란스 알아? 하트퍼드 시의 웨스트페리 시에 사시는데."

"물론 알지. 우리 집 근처야."

"여름에 거기 갈지도 몰라." 죠프리가 말했다. "나는 친척들 집에 돌아가면서 살아. 부모님이 돌아가셨거든."

"안됐구나. 하지만 우리 둘이 같이 놀 수 있어." 노아가 말했다. "네가 쓰는 그 기다란 낱말들을 가르쳐 줘. 난 낱말을 좋아해. 넌?"

"난 읽기를 좋아해. 넌 나한테 농장 일을 가르쳐 줘." 죠프리가 미소를 지었다.

시계가 종을 치기 시작했다.

"안녕." 노아가 달려가며 소리쳤다.

"안녕." 죠프리가 인사했다. "재미있었어."

어머니는 노아의 모습을 보고 크게 놀랐다. 아브람이 모든 사정을 설명했다. 어머니는 쓸데 없는 싸움이었지만, 노아가 무서워하며 달아나지 않아서 다행이라고 말했다.

집으로 가는 길에는 다들 할 말이 많았다. 그들은 모두 지쳤다. 뭘 샀는지 서로서로 보여주었다. 노아는 자기 도토리를 보여주었다.

노아는 등불 빛 아래서 집 안 심부름을 모두 마친 뒤, 언덕 꼭대기로 갔다. 그리고 그 도토리를 심었다. 그리고 그걸 보호하기 위해서 작은 나뭇가지를 여러개 꽂아 작은 담장을 세웠다.

"이제 너도 쑥쑥 자라서 큰 구멍을 만들어. 언젠가 내가 그 속에 감출 게 있을지도 모르니까." 그가 말했다.

7.
비버 놀이

이듬해는 빠르게 지나갔다. 여름에는 몹시 분주했다. 노아는 소젖 짜는 법을 배우고 소 두 마리 베스와 벤이 끄는 수레를 모는 법을 배웠다. 그러느라 그의 맞춤법 공책에는 새로운 낱말이 거의 없었다.

"네 키가 쑥쑥 자라는구나, 노이." 10월 16일, 아홉 번째 생일에 어머니가 말했다. "바지 좀 봐, 얼마나 짧아졌는지."

그해 겨울은 온화했다. 그리고 다시 봄이 된 5월의 어느 날, 저녁 식사를 마치고 나서였다. 웹스터 가족은 집 뒤쪽 계단에 앉아 여름 계획을 세우고 있었다. 체리나무와 사과나무에는 꽃이 만발했다.

"아브람, 너랑 노아랑 둘이 나랑 같이 동편 담장을 수리하고 더 높여야겠다. 이웃 사람 놀란스가 이번 여름에 그의 서쪽 들에 가축을 놓는다고 하니, 우리 담장을 빈틈을 메우고 더 높여야겠어. 말과 소와 돼지가 못 넘도록 말이다." 아버지가 말했다.

"그럼 저는 덫 만드는 일을 동이 트기 전에 할게요." 아브람이 말했다. "돈을 많이 벌고 싶어요. 존과 머시가 사는 오두막 근처에 아주 근사한 땅을 봤어요. 그걸 사고 싶어요."

"저는 소젖 짜는 법과, 베스와 벤을 모는 법을 배우고, 그리고 맞춤법 책을 끝내야겠어요." 노아가 말했다. "죠프리 로스가 놀란스 씨 댁에 올지도 몰라요. 꼭 왔으면 좋겠어요."

"엄마 채소밭에 네 도움이 필요해, 노이." 어머니가 말했다. "그리고 러샤와 둘이서 내가 약으로 사용할 약초와 꽃, 나무껍질을 모아줘야 돼."

"소풍 가고 싶어요." 러샤가 졸랐다.

"언덕 위로 소풍 갈까?" 어머니가 그 발랄한 소녀를 보고 미소를 지으며 말했다. "러샤, 이번 여름에는 파이 굽고 빵 만드는 법을 가르쳐줄게."

"올해는 재와 기름을 상당히 많이 모았어요." 머시가 말했다. "가족들이 쓸 것 말고도 존과 제가 사용할 비누를 만들 거예요."

"찰리, 넌 뭘 할 생각이니?" 아버지가 물었다.

"노이를 도와줄래요." 그 어린 아이가 그가 좋아하는 형에게 바싹 붙으며 말했다.

"겨울이 지났으니, 이제 길고도 상쾌한 여름이 기다려지는구나." 어머니가 말했다.

"아무도 안 계세요?" 그 때 문 밖에서 누가 부르는 소리가 들렸다.

"놀란스 가족이로구나. 머시, 지하실에 가서 포도 주스를 가져오렴." 어머니가 머리 매무새를 만지며 얼른 나가서 이웃 사람들을 맞이했다. 그때 흰색 작은 개가 집 모퉁이에서 쏜살같이 달려 나왔다.

"쇼니!" 노아가 좋아서 소리쳤다. "죠프리가 왔어요!"

"그래." 놀린스 씨 부부가 함께 웹스터 집으로 들어왔다.

"안녕하세요." 인사를 하던 노아는 갑자기 입이 굳어 버렸다.

죠프리는 그가 하트퍼드에서 만났을 때보다 더 어른스러워졌다. 그는 어머니, 머시, 심지어 러샤한테까지 허리를 굽혀 절을 했다. 아버지와 아브람과는 악수를 했다. 웨스트페리 시 사람들은 대개 목사님하고만 악수를 했다.

"노아, 잘 있었어? 다시 널 만나고 싶었어." 그가 말했다.

"죠프는 우리 집에 오자마자 여기 오고 싶어 했어." 놀란스 부인이 말했다. "하지만 내가 노이가 집안일을 마칠 때까지 기다리라고 했단다."

어머니만 제외하고는 아무도 그다음에 무슨 말을 할지 모르는 것 같았다. 그녀는 죠프에게 미소를 지었다. "노이." 그녀가 말했다. "너희 둘이 밖에 나가서 놀다가, 들어와서 포도 주스를 마시지 그러니?"

노아와 죠프리, 그리고 쇼니가 서둘러 나갔다.

"전망대 바위에 올라가면 우리 농장 90에이커가 한눈에 다 내려다보여." 노이가 말했다. "저기 밭의 서쪽 꼭대기에 있어."

"파밍턴 힐은 참 아름다운 곳이야." 죠프리가 말했다.

노아가 놀랐다. "어떻게 그 이름을 알았어?"

"윌리스 삼촌 집에서 책을 봤어. 이번 여름에 거기 가서 캠핑할 거야. 너도 같이 갈래?"

"난 못 가. 방학 때는 아빠를 도와드려야 되거든." 노아가 말했다. "저 숲은 우리 땅이야. 매년 봄마다 메이플시럽을 받으러 사람들이 와. 헛간을 보여줄까?"

죠프리는 소한테 제일 관심이 많았다. "정말 힘이 센 것 같아." 그가 말했다. "시골뜨기들이 농장에서 거둔 채소 같은 것들을 보스턴에 팔러 올 때, 소가 모는 수레를 타고 오거든."

노아는 '시골뜨기'가 무슨 뜻인지 궁금했다.

"너희 집에는 말이나 마차가 없니?" 죠프리가 말했다.

"없어. 마차는 너무 비싸거든. 하지만 아빠는 이 다음에 하나 사서 일요일에 교회 갈 때 사용한다고 하셨어."

"또 볼 게 뭐가 있어?" 죠프리가 물었다.

노아는 곰곰이 생각하며 말했다. "아무한테도 말 안 한다면, 네가 한 번도 본 적이 없는 걸 보여줄게." 그가 열기를 띠며 말했다.

"나는 네가 평생 본적이 없는 것들을 많이 봤어. 보스톤에 사는 우리 할아버지 한테는 배가 있어. 난 종종 그걸 보러 부두에 가."

"진짜야? 나도 보고 싶어. 그 배가 어디로 가는데?"

"어디든지. 하여튼 네가 말 한 거나 보여줘. 아무한테도 그 위치를 노출하지 않을게." 위치? 노출? 노아는 그 이상한 두 낱말이 무슨 뜻인지 묻고 싶었지만, 차마 그러지 못했다.

그들은 언덕을 달려 노이의 개울로 갔다. 쇼니가 그들 주위를 빙빙 돌고 앞서 내려가며 좋아서 짖어댔다.

"죠프리, 쇼니를 데려갈 수가 없어. 인디언처럼 조용히 해야 되거든." 노아가 말했다.

"정 그렇다면 내가 쇼니를 내 방에 넣어놓고 올게." 죠프리가 인상을 찌푸리며 말했다.

그들은 징검다리를 딛고 개울을 건너 놀란스 씨 집 대문으로 갔다. 죠프리와 쇼니는 죠프리 방으로 가는 좁은 계단으로 올라갔다. 노아가 따라 갔다. 그는 문에 서서 쳐다보았다.

"뭘 보고 있어?" 죠프리가 물었다.

"네 책상 위에 있는 책 다섯 권. 네 책이야?"

"물론이지. 내가 오늘 다 읽은 책 한 권 빌려줄까?" 죠프리가 말했다. 그가 그 책을 노아한테 건네주자, 노아가 첫 장을 넘겼다.

"아니야, 잘못하면 더럽힐 거야." 그가 얼른 말했다. 하지만 사실은 그 책의 낱말을 몇 개밖에 몰랐기 때문에 창피했다.

그들은 말없이 살금살금 개울을 따라 걸었다. 죠프리가 질문을 했지만, 노아는 귀담아듣지 않았다.

"뭣 때문에 기분이 상했어? 괜히 온 거야?" 마침내 죠프리가 물었다.

"아니, 그냥 생각 중이야. 나는 내가 책을 잘 읽는다고 생각했는데, 네 책을 보니까 한 페이지도 읽을 수가 없었어."

"넌 농부가 될 거잖아. 그러니까 책을 못 읽어도 돼. 난 책을 잘 읽어야 돼. 대학에 가서 변호사가 될 거거든."

죠프리가 말했다.

노아는 대답하지 않았다. 그의 얼굴이 확 달아올랐다. 어쩐지 죠프리는 그가 하트퍼드에서 봤던 것과 전혀 딴판인 것 같았다. 그들은 말없이 걸었다. 커다란 느릅나무 둥치에 오자 노아가 멈춰서 죠프리를 쳐다 보았다.

"여기서 구부러진 길로 가야 돼." 그가 말했다. "아무 소리도 내면 안 돼. 비버는 귀가 예민하거든. 비버는 사람을 안 좋아해. 네 구두와 긴 양말을 벗으면 좋겠어. 진흙탕을 지나가야 되거든."

"더러워져도 괜찮아. 다른 구두와 양말이 많이 있으니까. 그런데 비버를 보자고 여기까지 온 거야?"

"뭐라구? 너한테는 아무것도 보여주지 않을 테야!" 노아가 화가 나서 내뱉었다. "난 너를 잘 대접해주려고 한 것뿐이야. 그런데 이제 절대 내 비버 마을을 보여주지 않을래. 가서 네 책이나 봐. 좋은 옷 입고 마차를 타고 멋진 배나 구경해. 난 집에 갈 테야."

"잠깐만! 왜 그렇게 화가 난 거야?"

노아가 그를 노려보았다. 죠프리도 질 새라 그를 노려보았다.

노아가 쉬지 않고 말했다. "난 높은 체 하는 사람들이 싫어. 농부도 도시 사람들 못지 않아. 나도 원하면 변호사가 될 수 있어. 네 옷을 더럽히려면 맘껏 더럽혀. 하지만 일요일도 아닌데 그렇게 차려입고 다니는 건 정말 웃겨. 난 너보다 더 열심히 공부해서 책을 잘 읽을 거야. 두고 봐…."

"노아, 네가 뭔데 내 개를 데리고 가지 말라는 거야? 그리고 왜 나더러 조용히 하라는 거야? 그까짓 비버 때문에? 내 옷이 웃기다니, 그건 또 무슨 말이야? 네 옷이야말로 누더기야. 집에 갈 테면 가. 네 비버 마을인가 뭔가는 내가 직접 찾아볼 테니까." 죠프리가 마구 쏘아댔다. "그리고 내가 뭐 어떻다구?"

"높은 체! 잘난 체!" 노아가 말했다. "네가 바로 그거야."

"내가 말한 건 전부 사실이야. 난 이렇게 좋은 옷 밖에 없어. 난 책이 좋아서 읽어. 어쨌든 네가 빌려 가고 싶으면 빌려도 된다고 했잖아."

노아가 웃기 시작했다. 죠프리는 어이가 없었다.

"미안해, 죠프." 노아가 말했다. "우리는 서로 잘난 체

하려고 했어. 넌 내 마음을 상하게 했고, 나도 네 마음을 상하게 한 것 같아. 이리 와. 가서 내 비버를 보자. 난 그 걸 아무한테도 보여준 적이 없어."

"잠깐만!" 죠프리가 속삭였다. 그는 구두와 긴 양말을 벗고 바지를 접어 올렸다.

노아가 고개를 끄덕였다. 그들은 빽빽한 덤불숲을 헤치며 지나갔다. 야트막한 습지에서는 물속을 첨벙거리며 지나갔다. 그리고 나지막한 절벽을 기어 올라가자, 작은 연못이 내려다보였다. 노아가 손가락으로 가리켰다.

수면에는 작은 자작나무 가지가 유유히 호수를 가로질러 기슭 쪽으로 다가갔다. 작고 동그란 머리에 뾰족한 귀, 그리고 두 눈이 반짝이는 비단같이 부드러운 동물이 그 가지를 밀고 가는 것이었다.

"비버야." 노아가 소곤거렸다. "지금 막 댐을 완성하는 중이야. 저 나뭇가지를 어떻게 제 자리에 찔러넣는지 잘 봐."

두 소년은 앞으로 기어갔다. 다른 비버 두 마리가 처음에 본 비버와 합세했다. 그들은 곧 물 위로 솟아나온 잔가지들 사이에 진흙을 발랐다.

"봐!" 죠프리가 속삭였다. 노아가 빙긋 웃으며 고개를 끄덕였다. 엄마 비버가 네 마리 아기 비버를 데리고 댐 짓는 모습을 구경하고 있었다.

멀찌감치 아직 완성되지 않은 댐 쪽에서 갉아대는 소리가 들렸다. 노아가 기어가기 시작했다. 그는 곧 바위에 다다랐다. 죠프리도 따라왔다. 그 바위를 돌아가자 또 다른 광경이 보였다.

거기에는 작은 나무 둥치가 끝이 날카롭게 갉아져 있었다. 큰 비버가 뒷다리로 서서 키가 큰 어린 메이플나무를 둥글게 돌아가며 이로 갉고 있었다. 그 나무는 언제라도 쓰러질 태세였다.

"저 나무는 비버가 원하는 지점으로 넘어지게 돼있어. 영리하지?"

"놀라워." 죠프리가 말했다. "시냇가 저쪽 좀 봐. 저 나뭇가지 더미가 뭐지?"

"비버 집이야." 노아가 말했다. "물속에 입구가 두 개 있어. 그중 한 개는 그 밑에 초록 나뭇가지를 잔뜩 쌓아 놨어. 음식이야. 또 한 입구는 도망가는 구멍이야."

나무가 갈라지는 소리가 들렸다. 노아가 죠프리의 팔

을 잡았다. 비버가 뒤로 달아났다. 그 나무는 흔들거리더니 연못의 가장 좁은 부분을 정확하게 가로지르며 넘어졌다.

나무가 쓰러지는 즉시 비버들은 그 나무 밑으로 가서 거기에 진흙을 바르기 시작했다. 그 나무는 또 다른 댐의

기초가 된 것이다.

이제 어두워지기 시작했다. 두 소년은 비버 마을에서 일어나는 일들을 놓치지 않고 모두 관찰했다. 그리고 놀란스 씨 집을 향해서 걸어가기 시작했다.

죠프리는 구두와 양말을 들고 갔다.

"내일 아침에 놀러 올 거지?" 노아가 말했다. "우리는 비누를 만들 거야."

"비누를 만들어? 우리는 비누를 사는데." 죠프리가 말했다.

"높은 체!" 노아가 빙긋이 웃었다.

"잘난 체!" 죠프리가 웃었다. "고마워, 노이. 비버를 보여줘서. 그럼 안녕."

"안녕." 노아가 말했다.

8.
비누 만들기

 노아는 어머니의 채소밭을 삽으로 파며 휘파람을 불었다. 그는 놀란스 집 쪽으로 가는 언덕을 계속해서 바라보았다. 찰리가 작은 나무 삽을 들고 그를 따라 했다.

"죠프가 몹시 늦는군. 농부들이 항상 새처럼 일찍 일어난다는 걸 모르나 봐." 노아가 생각했다.

"찰리는 땅을 잘 파." 어린 동생이 자랑스럽게 말했다. 노아가 고개를 끄덕이며 그의 어깨를 쓰다듬었다.

"농부의 연감이 맞았어요. 봄이 일찍 왔어요." 노아가 어머니에게 말했다. 그녀는 빨랫줄에서 상큼한 빨래를 걸고 있었다.

"4월에 씨를 심으면 좋지." 어머니가 말했다.

방금 파놓은 흙 위에 개똥지바퀴새가 내려 앉았다. "찰리, 조심해. 가만히 있어." 노아가 속삭였다. "새가 땅속에서 아침밥 꺼내는 걸 잘 봐."

그 새는 머리를 콕콕 찍듯이 움직였다. 땅에서 나는 소리를 듣고 있었다. 새들만 들을 수 있는 소리였다. 그리고 앞으로 깡충 뛰었다. 갑자기 부리로 촉촉한 땅을 찍더니 뒤로 물러섰다. 그리고 땅속에서 꿈틀거리는 지렁이를 부리로 집어 물더니, 둥지를 향해서 날아갔다.

"새끼한테 먹이려는 거야." 노아가 곧 다시 일을 시작하며 설명해주었다.

"그렇게 빨리할 필요 없다. 천천히, 꾸준히 하는 게 좋아." 아버지가 지나가다가 말했다. "농사는 그렇게 하는 거야. 그런데 머시가 비누 만드는 거 도와주려고 일을 빨리 마쳤니?"

"네. 하지만 죠프가 제시간에 와서 비누 만드는 거 봤으면 좋겠어요." 노아가 말했다.

러샤가 처음으로 만든 파이를 자랑하려고 가지고 나왔다. "오늘 오후에 나뭇잎 따러 가기 전에 먹을 거야." 그녀가 말했다. "저기 죠프가 온다. 조프도 우리랑 같이 갈 거야?"

"응." 노아가 삽을 걸어놓으며 말했다.

"얼른, 노이!" 머시가 불렀다. "기름은 냄비에 담아 놓았고, 베럴 통도 준비 됐는데, 재가 없어."

"저것 좀 봐! 죠프리가 작업복을 입고 왔어…." 러샤가 말했다.

"안녕! 늦어서 미안해. 로버트 삼촌이 나를 마을에 데리고 가서 작업복을 사주셨어." 죠프리가 설명했다. "쇼니, 이리 와!"

"이제부터 농부가 되려고?" 러샤가 물었다.

"농장에 대해 배울 수 있는 기회가 늘 있는 건 아니니까. 이번에 열심히 배워 둬야지. 언젠가는 다 도움이 될 테니까." 점점 더 농장일에 흥미롭다는 듯 죠프가 벙글벙글 웃으며 말했다. "게다가 이런 옷이 놀 때도 훨씬 더 편하거든."

"가서 도와줘야 돼! 베럴 통도 갖다 놨고, 냄비에 기름도 넣었어. 우리가 가서 재를 날라와야 돼." 노아가 재빨리 말했다.

"그게 무슨 말인지 통 못 알아 듣겠어. 처음부터 차근차근 말해 봐." 죠프가 말했다.

"알았어. 하지만 머시는 지금 당장 재가 필요해. 창고 뒤에 가서 가져오자."

당시에는 모든 농장에서 짐승의 기름과, 장작을 태우고 남은 재를 모두 저장해두었다. 그리고 재 위에 물을 부어서 받은 물로 잿물을 만들었다. 그 잿물과 기름을 같은 분량으로 섞어 오랫동안 끓이면, 깨끗하고 향기로운 잼 같은 비누가 되었다.

두 소년은 배럴 통에 재를 가득 채웠다. 그 배럴 통은 둥근 홈을 판 납작한 돌 위에 있었다. 그 돌 한가운데는 V자로 홈이 나 있었다. 아브람이 그 아래에 물동이를 놓았다.

"죠프 왔구나! 도와줄래?" 아브람이 말했다.

"응. 노아가 나한테 농부가 되는 법을 가르쳐주고 있어."

"죠프는 나한테 읽기를 가르쳐 주고." 노아가 말했

다. "죠프, 이게 '우려낸 물'이야."

"왜 그렇게 부르는 거지?"

"물을 우려냈거든. 다시 말해서 이 물은 재에 부어서 받아낸 물이야. 재 밑으로 떨어지는 물을 받으면 잿물이 돼." 노아가 대답했다.

"그건 위험한 독이야." 아브람이 말했다. "강사님, 서둘러! 얼른 물을 우려내야지. 머시가 기름의 양을 재고 있고, 불은 이미 붙여 놨으니까."

물이 재에 완전히 배어서 밑으로 떨어지는 데는 제법 시간이 걸렸다. 마침내 물통에 잿물이 가득 찼다. 노아는 그 통을 빼내고, 그 자리에 빈 통을 놓았다.

불은 서서히 타고 있었다. 불의 양옆에는 Y자로 갈라진 쇠막대기 두 개를 땅바닥에 고정시키고 그 위에 받침대를 걸쳐놓았다.

머시가 잿물을 정확하게 재서 기름이 든 냄비에 넣고 젓기 시작했다.

"죠프, 쇼니를 잡아. 얼른! 잿물을 마시고 있어." 러샤가 부엌에서 나오면서 비명을 질렀다.

모두다 허둥지둥했다. 노아는 쇼니를 붙들고 손가락을

목구멍에 넣으려고 시도했다. 토를 하게 만들려는 것이었다. 하지만 쇼니는 그르렁거리며 반항했다.

"죠프, 네가 해. 나는 가서 달걀 흰자를 가져올게."

"달걀 흰자 여기 있어. 개의 입을 열어!" 러샤가 부엌에서 달려오며 소리쳤다.

쇼니는 이빨을 꼭 물고 있었다.

"흰자를 개한테 먹여야 돼. 그렇지 않으면 죽을 거야." 노아가 말했다. "다시 해봐."

죠프가 시도를 하다가 그만 개를 놓쳐버렸다. 그 개는 얼른 달아났다. 하지만 조금 달리다가 멈추더니 두 귀를 쫑긋 세우고 놀자는 듯이 꼬리를 흔들었다. 두 소년이 개를 뒤따라 갔다.

어머니가 무슨 일인가 하며 밖으로 나왔다. 쇼니가 다람쥐를 뒤쫓고 있는 모습을 보고 그녀가 미소를 지었다. "쇼니는 잿물을 마신 게 아니야." 그녀가 말했다. "하지만 물통이 새고 있으니까 핥아서 먹을 수도 있었는데…."

"하지만, 엄마, 우리가 봤을 때…."

"개가 잿물 통 주변에서 킁킁 냄새 맡는 걸 봤겠지. 만일 너희가 잿물을 마신 동물이 얼마나 괴로와하는 걸 한 번이라도 봤다면, 쇼니가 독을 마시지 않았다는 걸 알 거야."

"러샤, 만일 바로 발견하지 않았었더라면…." 죠프가 말했다. "쇼니는 내 제일 친한 친구야."

"하지만 내가 바로 발견했잖아." 러샤가 말했다. "엄마, 이제 쇼니가 멀쩡하니까, 지금 제가 만든 파이를 함께 먹어도 될까요?"

모두 웃었다. 러샤의 파이는 순식간에 다 없어졌다.

"농장에 대해서 진짜 빨리 배우게 됐어." 죠프가 말했다. "곧 가르칠 수도 있겠는 걸."

"점심 시간 종이 칠 때까지 농장 공부를 잠시 쉬어도 되겠다." 어머니가 말했다. "러샤, 머시와 내가 점심준비 하는 동안 네가 비누를 저어 줄래? 아브람, 잿물 통 바꾸는 거 잊지 마라."

9.
첫번 째 수업

"전망대 바위에 올라가자." 노아가 말했다. "가서 내 맞춤법 공책 가져올게."

곧 그들은 큰 바위에 등을 대고 산을 바라보며 앉았다. 노아는 잉크, 펜, 그리고 자기가 아끼는 공책을 가져왔다.

"네가 하트퍼드에서 말했던 낱말 몇 개를 이 공책에 적어 놓았어. 이제 그 낱말이 무슨 뜻이지 가르쳐 줘." 죠프는 그가 주는 공책을 받아서 페이지를 뒤적거렸다.

"이건 쉬운 낱말들이야. 이번 여름에는 더 재미있는 낱말들을 가르쳐줄게."

"좋아! 여기 네가 말한 낱말들이야. '오드'(od)가 무슨 뜻이지?"

"오드(odd)는 'd'를 두 개 써. 이상하다는 뜻이야."

"그런데 왜 'd'를 두 개를 쓰는 거야? 소리는 한 개밖에 안 나는데."

"그래도 두 개를 써."

"왜?" 노아가 계속 다그쳐 물었다.

"나도 몰라. 그냥 그렇게 쓰는 거야. 존슨 딕셔너리에 분명히 그렇게 되어 있을 거야. 그 사전을 따라야 되거든."

"'d-i-c-s-h-u-o-n-a-r-y' (딕셔너리)가 뭐야?" 노아는 자기 생각대로 맞춤법을 만들었다.

"노이, 학교에 d-i-c-t-i-o-n-a-r-y (딕셔너리) 없어? 사무엘 존슨 씨가 쓴 사전 말이야. 사전은 모든 낱말의 뜻을 알파벳 순서대로 써 놓은 책이야."

노아가 고개를 흔들며 심각한 표정을 지었다. "한 번도 본 적이 없어. a-l-f-a-b-e-t-s (알파벳)이란 건 또 뭐야, 죠프?"

"a-l-p-h-a-b-e-t-s (알파벳) 이라고 써."

"왜?"

"나도 몰라. 노이, 들어 봐. 나는 우리 반에서 맞춤법과 읽기를 잘하는 학생이야. 너한테 맞춤법과 읽기를 잘 가르쳐줄 수도 있어. 하지만 왜 그런지는 가르쳐줄 수가 없어."

노아는 놀랍기도 하고 실망하기도 했다. 그는 잠시 생각하더니 마음을 먹었다. "좋아, 네가 가르쳐주는 방법대로 맞춤법을 쓸게. 그러면 책을 읽을 수 있어. 하지만 이다음에 왜 그런지를 내가 발견할 거야. 그리고 너한테 가르쳐 줄게."

죠프리가 미소를 지으며 노아한테 공책을 돌려주었다. "좋았어! 먼저 에드먼드 버크 씨가 쓴 이 책으로 시작하자. 그는 위대한 웅변가고 저술가야."

"코네티컷 출신이야, 아니면 매사추세츠 출신이야?"

죠프가 웃었다. "그는 영국 사람이야. 사무엘 존슨처럼. 두 사람 다 런던에 살아. 노이, 모든 사람들이 다 우리나라 사람은 아니야."

노아가 첫 장을 열었다.

"맨 처음 낱말부터 말해 봐."

"아메리카!" 노아가 소리쳤다. "내가 아는 낱말이야."

"좋아! 그러면 모르는 낱말이 나올 때까지 읽어 봐. 바른 맞춤법을 배워야 돼."

노아는 흥분했다. 그는 각각의 낱말을 손가락을 짚어가며 읽었다. 점심 식사 종이 울리자, 노아는 매우 실망했다. 오늘의 쉬는 시간은 끝났다. 식사가 준비되었다. 먹고 나면 다시 농장 일을 해야 된다.

10.
깜빡 잊어버리는 바람에

그해 여름 동안 토요일이 되면 노아와 죠프는 놀란스 씨 방앗간에서 곡식 빻는 일을 배웠다. 노아의 아버지는 노아가 농장일 이외에도 제분업을 배우게 되어 기뻤다. "양 날 선 칼이 한 날로 된 칼보다 더 낫지." 그가 노아한테 말했다.

놀란스 씨는 방앗간이 한가할 때면 두 소년이 책을 읽고 공부를 하도록 내버려 두었다. 그들은 숲의 입구에 아주 적절한 장소를 발견했다. 시원하고 그늘지면서도 길이 한눈에 들어오는 곳이었다.

"여기서 공부하면 수레가 오는 걸 볼 수 있어요. 그러면 저희가 와서 곡식을 내려서 방앗간으로 가져갈게요."

첫날 그들은 제분하는 모습을 구경만 했다. 하지만 여름이 끝날 때쯤 그들은 직접 곡식을 빻게 되었다.

둥근 원 모양에, 대단히 크고 무거운 돌 두 개 사이에 옥수수와 밀을 넣고 갈았다. 곡식을 더 잘 빻기 위해서 돌이 서로 닿는 면은 울퉁불퉁하게 만들었다. 바깥에 있는 큰 물레방아 바퀴가 돌아가면 돌 두 개가 서로 반대방향으로 돌며 마찰을 했다. 그러면 왕겨라고 하는 곡식 겉껍질이 온 사방에 날렸다. 두 소년은 집에 가기 전에 그곳을 말끔하게 청소하고 갔다.

죠프가 다시 보스톤으로 돌아가기 전 토요일, 마음이 들뜬 웹스터 가족은 분주하게 움직였다. 찰리는 노래를 했다.

"우리는 소풍 간다! 우리는 소풍 간다!"

"찰리, 놀란스 씨 댁에 가서 죠프도 함께 갈지 물어보렴." 어머니가 말했다.

"제가 갈게요. 놀란스 씨에게 오늘은 방앗간에 못 온다는 말씀도 드려야 되거든요." 노아가 말했다.

"내가 말씀드릴게." 찰리가 부엌에서 달려나가며 말했다.

"죠프한테 쇼니를 데려오지 말라고 해라." 어머니가 그의 뒤에서 말했다. "들짐승을 만나면 말썽이 일어날 수도 있으니까."

"노아, 큰 통 세 개와 꿀통을 수레에 실어. 가서 야생 체리 잎과 꿀을 채집해 와야겠어. 철이 지나긴 했지만."

찰리는 죠프와 함께 돌아왔다.

소 두 마리는 행복한 사람들 여섯 명을 실은 수레를 끌고 파밍턴 로드를 처벅처벅 지나가고 있었다.

"내가 사과 파이를 만들었어. 머시가 쿠키를 굽고. 삶은 달걀도 있고, 잼을 바른 빵, 메이플시럽으로 만든 사탕도 있어." 러샤가 죠프한테 말했다.

죠프가 입맛을 다셨다. "웹스터 씨와 아브람이 빠져서 아쉽다." 그가 말했다.

"왜 안 왔어요, 엄마?" 노아가 물었다.

어머니는 미소를 지으며 비밀스러운 표정을 지었다.

"저 통들은 뭐죠?" 죠프가 물었다.

"큰 통은 야생 체리 잎을 담을 통이고, 작은 통은 꿀통이야." 러샤가 대답했다. "죠프, 야생 체리 잎으로 만든 약을 먹으면 아픈 사람이 낫는단 사실 알아? 하지만 만일 소가 그 시든 잎을 먹으면 병이 나."

죠프는 참 이상하다고 생각했다.

날씨는 더 이상 좋을 수가 없었다. 곧 길이 끝나고, 수레는 거친 들판을 가로질러 갔다. 메이플나무 잎이 빨간색으로 물들어가고 있었다.

그들은 인디언들이 지나다니던 좁은 오솔길에 도착하자, 수레에서 내렸다. 노아는 소를 묶어 놓고, 모두 식사할 장소까지 걸어갔다.

....

찰리는 곧바로 먹고 싶었다.

"먹기 전에 할 일이 있어." 어머니가 말했다. "노이, 죠프와 함께 체리나무 덤불로 가거라. 야생 체리 잎을 통 세 개에 가득 채워 와. 꿀통도 가져가고."

그들이 송어 시냇가에 도착하기 직전 노아가 땅바닥에 무릎을 꿇었다. 그리고 축축한 땅에 나 있는 발자국을 유심히 들여다보았다.

"곰이야. 큰 곰." 그가 심각하게 말했다.

"어떻게 알아?" 죠프가 물었다.

"크고 납작한 발자국에 발톱이 있잖아." 노아가 설명했다. "곰은 앞발과 뒷발을 한꺼번에 움직여. 한 번에 왼쪽 앞발과 뒷발을, 그다음에는 오른쪽 앞발과 뒷발을 들고 걷지. 그러니까 뒹굴뒹굴 굴러가는 거야."

노아는 자작나무 둥치에 검은 털이 박혀 있는 것을 알아챘다. "수놈이야. 저 나무는 곰이 발톱을 긁는 나무야. 수놈들이 모두 와서 저 나무에 키가 닿는 만큼 발톱을 긁어. 다른 놈들한테 자기가 얼마나 키가 큰지 과시하는 거야."

"그럼 우린 어떡해? 우리가 위험한 거야?"

"곰을 만나지 말아야지." 노아가 말했다.

그는 손가락에 침을 발라서 머리 위로 높이 들었다. 그리고 어느 쪽에서 바람이 부는지 알아보았다. "만일 곰이 개울가에 있다면 우리는 안전해. 가자! 여기 있으면 안 돼."

그들은 통을 가득 채운 뒤 다시 식사 장소를 향해 돌아갔다. 덤불 사이를 지나갈 때 노아의 등에 가시가 찔렸다. 무언가 근처에서 움직이고 있었다. 노아는 죠프에게 가만히 있으라고 몸짓을 했다.

토끼가 덤불 속에서 깡총 뛰어 나와 오솔길로 뛰어갔다.

노아는 걱정되면서도 안심하는 표정이었다. "만일 곰이 배가 고프면 저 토끼 냄새를 맡고 따라갈 거야. 가엾은 토끼 같으니! 가자! 여기서 개울을 건너서 개울을 따라 계속 가면 들이 나오고, 그 길을 따라가면 어머니가 계신 곳으로 갈 수 있어."

그들이 다시 들판으로 오자 가족들이 수레에 앉아 그들에게 손을 흔들었다.

"곰이 토끼를 입에 물고 있어." 찰리가 소리쳤다. "곰이 다시 오기 전에 집으로 가야 돼. 형들이 오기만 기다렸어."

"방앗간 근처에 가서 식사하자." 어머니가 말했다. "곰이 이렇게 마을 가까이에 나온 건 처음이야."

두 소년은 그들이 본 것을 얘기했다. 그들은 시냇가에서 도시락을 먹었다. 먹고 또 먹고 마침내 바구니에 빵부스러기도 안 남을 때까지 먹었다. 그리고 나서 개울에서 손으로 물고기를 잡으며 놀았다.

이제 해가 하늘 높이 떴다. 노아는 집에 가서 책을 읽자고 제안했다.

"아니, 조금만 더 있다가. 소풍을 망치면 안 되니까." 어머니의 눈이 반짝거렸다. 노아는 그녀가 머시에게 윙크하는 모습을 보았다.

"댐을 만들자." 죠프가 제안했다.

"엄마. 긴 양말과 구두를 벗고 치마를 말아서 핀으로 고정시키면 안 돼요? 저도 같이 댐 만들고 싶어요." 러샤가 졸랐다.

어머니가 좋다고 말하자 모두 다 놀랐다.

"뭔가 이상해, 노아." 시냇물을 첨벙거리며 올라가면서 죠프가 말했다.

"알아. 어머니가 아직 집에 가면 안 된다고 하셨을 때 참 이상했어(odd)." 노아가 말했다.

"너 그 오드(odd)란 낱말을 정확하게 사용했는걸." 죠프가 미소를 지으며 말했다.

노아가 수레를 몰고 다시 헛간으로 돌아왔을 때는 해가 저물기 시작했다.

"그 통들을 모두 집으로 가져 와." 어머니가 말했다.

죠프는 양손에 한 개씩 들고 갔다.

그때 갑자기 아브람이 헛간 문에서 나타났다. 그가 두 소년에게 손짓했다.

"보여줄 게 있어!" 그가 소리쳤다. "얼른 뛰어 와!"

노아는 통을 놓고 다른 가족들과 함께 헛간으로 갔다. 아버지가 함박웃음을 지으며 서 계셨다.

비어 있던 헛간에는 이제 회색 점박이 무늬 말이 서서 그들을 쳐다보고 있었다.

"우리 말이에요, 아빠?"

"우리가 일요일에 쓸 말이지."

"아, 마차도 있다!"

"새 마구 좀 봐!" 아이들이 모두 함께 소리쳤다.

"이름이 뭐예요?" 죠프가 물었다.

"제너럴. 원래 이름은 킹이었는데, 우리가 마음에 안 들어서 바꿨어." 아브람이 말했다.

웹스터 씨는 팔로 어머니 허리를 둘러 안았다. "머시, 당신 이제 행복해요?" 그가 물었다.

"물론이죠, 노아." 어머니가 대답했다.

노아는 부모님이 마치 연애시절처럼 서로 이름을 부르

는 걸 처음 듣는 것 같았다.

"이제 비밀을 알겠다." 죠프가 말했다. 그는 막 통 두 개를 집에 갖다 놓고 왔다. "웹스터 부인께서 아직 집에 갈 수 없다고 하셨을 때 노이와 저는 눈치챘어요."

아버지가 웃었다. "어머니는 비밀을 잘 못 지키는 사람이야." 그가 놀렸다. "이제 집안일을 마저 해야 할 시간이다. 노이, 브라우니(소 이름)를 헛간에 넣어 놨다. 가서 거기서 소젖을 짜거라."

노아가 달려갔다. 그러다가 갑자기 무슨 생각이 났다. 그가 헛간에 도착했을 때 소는 방금 통에 든 시든 야생 체리 잎을 다 먹어 버렸다. "아빠, 얼른 와 보세요!" 그가 비명을 질렀다.

모두 달려왔다. 아버지의 얼굴이 몹시 심각했다. 어머니는 서둘러 집으로 갔다. 나머지 가족은 브라우니를 뺑 둘러서서 무슨 말을 해야 할지 모르고 서 있었다.

"어쩌면 저 잎을 먹으면 소가 병이 난다는 말이 틀렸을 지도 몰라." 죠프가 얼른 말했다. "내가 보기에 브라우니는 안 아픈 것 같아."

어머니가 곧 물병에 뭔가를 담아 왔다. "이걸 먹여 봐."

그녀가 말했다. "그리고 이 알약 두 개도."

　한 시간 후 브라우니는 고통으로 신음했다. 그것은 짚더미 위에 누워 있었다. 일어서려고 안간힘을 썼지만, 그럴 힘이 없었다.

　"아빠, 제가 일부러 그런 건 아니에요!" 노아가 말했다. "일부러 그런 건 아니에요."

　"네가 브라우니를 죽일 생각이 없었다는 거야?" 아브람이 쏘아붙였다.

　"입을 다시 한 번 벌려 봐라." 어머니가 말했다. 자정쯤 되자, 브라우니가 죽었다.

　가족들은 슬퍼하며 집으로 돌아갔다. 노아는 보이지 않았다. 죠프는 노아가 갈만한 곳이 어딘지 알았다. 그리고 전망대 바위로 갔다.

　노아는 머리를 두 팔에 묻고 울고 있었다. "저리 가. 나한테 오지 마. 저리 가." 그가 말했다.

　"네가 그런 게 아니야. 우리 중에 누구라도 그럴 수 있었어. 아브람이라도." 죠프는 친구를 위로해주려고 했다. "그 통을 내려놓을 때 네가 미처 그런 생각을 할 수가 없었던 거야."

"넌 조심을 했어. 네 통을 집에 갖다 두고 왔잖아. 그런데 난 그걸 그냥 내려놨고, 그래서 브라우니가 죽었어."

"죠프!" 로버트 삼촌이 불렀다.

"노이, 난 가야 돼. 그렇게 괴로워하지 마. 넌 쇼니의 목숨을 구해줬잖아, 기억나?"

"노아, 집으로 들어오너라." 아버지가 불렀다.

부엌에는 아버지와 어머니만 있었다. 노아는 입술을 깨물었다. 무슨 말을 해야 할지 몰랐다. 아버지는 집 안을 서성거리며 왔다 갔다 하고 있었다. 어머니는 뜨개질을 하고 있었다. 노아는 서서 기다렸다.

아버지가 마침내 노아의 어깨에 손을 얹었다. "얘야, 네가 조심성 없이 행동한 데 대해서 네가 견딜 수 없는 벌을 받았구나. 이제 가서 자거라. 이제 너는 행동하기 전에 생각해야 한다는 교훈을 절대로 잊어버리지 않을 거야."

노아는 터덜터덜 계단을 올라가서 침대에 엎드러졌다. 그리고 울었다.

"울지 마." 아브람이 말했다. "나도 그럴 수 있었어. 죠프나 심지어 아빠도."

"형은 내가…."

"알아. 하지만 진심이 아니었어, 노아."

"소가 없으니 이제 어떻게 해?"

"아침까지 기다려. 아빠가 무슨 말씀을 하시겠지." 아브람이 위로하며 말했다.

다음 날 아침 노아는 아침을 먹지 않았다. 그는 고개를 푹 숙인 채 집안일을 했다. 그는 아버지, 아브람, 그리고 놀란스 씨가 브라우니를 땅에 묻은 사실을 알았다. 아버지는 노아가 마음이 아플까봐, 돕지 못하게 했다.

"노아, 벤과 베스를 수레에 묶어라." 정오 때쯤 아버지가 말했다. "우리는 이웃집 할 헤일 씨 댁에 갈 거야."

그들은 아무 말없이 수레를 타고 농장 세 개를 지나갔다.

"안 좋은 소식 들었습니다. 이 아이입니까? 보나마나 매를 단단히 맞았겠지? 그래도 싸지."

아버지는 그 사람의 말에 인상을 찌푸리며 말했다. "소를 파신다고 들었습니다. 보여 주시겠습니까?"

아버지는 귀여운 얼굴에 갈색과 흰색 점이 있는 소를 골랐다. 이름은 버터컵이었다. 노아는 아버지가 양말을 꺼내서 돈을 셀 때 더욱 마음이 아팠다. 그는 집에 돈이 거의 없다는 걸 알고 있었다.

헤일 씨는 소를 수레 뒤에 묶었다. 집으로 오는 길은 무척 느리게 느껴졌다. 헛간에 도착하자 아버지는 노아에게 고삐를 주었다.

"이제 저 소는 네가 책임지고 돌봐야 한다." 아버지가 말했다. "송아지가 태어나면 네가 팔 수 있을 거야."

"그러면 그 돈은 다시 드리겠어요." 노아가 재빨리 대답하며 갑자기 미소를 지었다. "아빠, 정말 정말 조심할게요!"

11.
노아의 계획

"노이가 집안 심부름하면서 다시 휘파람을 불고 있으니 다행이에요." 오후에 어머니가 말했다.

"노아는 올가을에 많이 컸어요." 아버지가 말했다. "어떤 면에서는 아브람보다 더 성숙한 면도 있는 것 같아요."

노아는 뒤로 한 발짝 물러서서 자기가 만든 작품을 감상했다. 맞춤법 공책 세 권을 올려놓을 작은 선반을 만들었다. 그리고 성경을 올려놓는 선반 옆에 그것을 달았다.

"목수일 잘하는데!" 아브람이 말했다. "아무래도 아빠가 네 책 읽는 시간을 줄이고 목수일을 더 주셔야겠어."

"헛간 청소도 모두 내가 하잖아. 그리고 형이 덫을 놓고 있는 동안 학교에 가져가는 장작도 내가 모두 나르잖아." 학생들은 돌아가면서 학교에서 쓸 장작을 가지고 왔다.

"돈을 벌기 위해서는 덫을 놔야 돼. 난 결혼하고 싶어." 아브람이 대답했다. 그는 열여덟 살이 됐고, 같은 마을에 사는 예쁜 소녀에게 청혼을 했다.

"아브람, 어떻게 돈을 벌어?" 노아가 긴 의자에 앉아서 물었다.

부엌에는 두 소년만 앉아 있었다. 머시는 이미 결혼해서 집을 떠나고 없었다. 어머니와 러샤와 찰리는 누비이불 만들기 대회에 가고 없었다. 아버지는 헛간에서 다른 어른들과 얘기를 나누고 있었다.

"나도 몰라." 아브람이 대답했다. "책은 읽어봐야 돈도 못 벌고 어른이 돼도 아무 도움이 안 돼."

"도움이 될 수도 있지." 아버지가 외투를 못에 걸면서 두 소년의 대화에 끼어들었다.

"어떻게요?" 아브람이 물었다.

"교사나 목사가 될 수 있지."

"저는 죠프처럼 변호사가 되고 싶어요." 노아가 결심한 듯 말했다. "죠프는 보스톤 근처에 있는 하버드라는 대학에 간대요. 대학에 가려면 돈이 많이 드나요, 아빠?"

"그래." 아버지가 의자에 앉으면서 말했다.

"아빠, 저는 돈을 벌어야 돼요. 먼저 버터컵 산 돈을 갚고, 그다음에는 대학에 갈래요. 죠프가 그러는데 대학에 가지 않으면 변호사가 될 수 없대요."

"그렇지 않아. 넌 이제 책을 잘 읽으니까, 이다음에 하트퍼드 법률사무실에서 일할 수 있어." 아버지가 말했다. "변호사가 되는 최고의 방법이지. 머리만 좋으면 말이야."

"노아, 왜 네가 대학에 가고 싶어하는지 모르겠어. 네가 덫 놓는 것 도와주면 내가 하루에 반 센트 씩 줄 텐데." 아브람이 말했다.

"아브람, 그럴 수가 없어. 정말이야. 난 도저히 동물을 못 죽이겠어."

"죠프한테서 편지가 왔어." 러샤가 노아를 불렀다. 마을에 나갔던 놀란스 씨가 가져다 준 편지였다.

노아가 눈을 반짝거리며 달려왔다.

그는 편지를 주머니에 넣고 헛간으로 갔다.

"노이, 돌아와! 놀란스 씨가 아빠한테 전해드리라고 쪽지를 주고 가셨어. 얼른 갖다 드려."

노아는 심부름을 모두 마쳤다. 그리고 전망대 바위로 가서, 눈을 치우고 앉았다. 그리고 그가 처음으로 받은 편지를 읽었다.

> 1769년 2월 14일
> 보고 싶은 친구 노이에게
> 이 편지 받고 놀랐겠지? 쇼니와 나는 곧 로버트 삼촌 집에 갈 거야. 겨울 눈보라가 지나가면, 우리는 배를 타고 영국에 갈 거야.
> 이제 더 중요한 얘기를 할게. 우리가 돌아오면 할아버지께서 너한테 보스톤에 오라고 하셨어. 윌리스 삼촌이 너를 데리고 오셨다가 다시 너희 집에 데려다 주실 거야. 올 수 있는지 알려 줘."
>
>   너의 친구,
>   죠프리 윌리엄 로스

노아는 좋아서 비명을 지르며 집으로 들어갔다. "죠프가 날더러 보스턴에 오래!" 그가 소리쳤다.

"노이! 언제?" 아브람이 물었다.

"내년에." 그러면서 노아는 두 손을 땅에 짚고 옆으로 재주넘기를 했다.

"아빠, 가도 되죠, 그렇죠? 아브람과 찰리가 제 심부름을 대신 해주면 되는 거죠? 찰리, 이제 넌 큰 아이가 되잖아. 내년이면 여덟 살이니까."

"나 혼자서 다 할 수 있어." 찰리가 말했다.

"자, 자!" 아버지가 말했다. "먼저 네 편지를 소리내서 읽어주는 게 좋겠다. 그리고 나서 어머니의 응접실에 가서 단둘이 의논을 하자."

아이들은 놀라서 서로서로 쳐다보았다. 어머니의 응접실이라고 부르는 방은 손님이 올 때가 아니면 거의 사용하지 않았다. 아버지가 무슨 말씀을 하시려고 다른 아이들이 못 듣게 하시려는 걸까?

노아는 긴 의자에 올라서서 편지를 읽었다. 어머니가 그의 어깨를 둘러앉았다.

"노이! 생각해 봐, 보스턴이라니! 아주 큰 도시야. 내년에 네가 갈 수 있으면 좋겠구나."

"네가 없이도 농장 일이 잘 돌아갈지, 아직 날짜가 많이 남았으니까, 천천히 두고 보자." 아버지가 말했다.

12.
은밀한 심부름

"노아, 이리 와 봐." 아버지가 불렀다. "여기 애국자의 심부름이 한 가지 있어." 아버지가 계속 말했다. "그 일을 하겠다면 내가 시키는 대로만 해야 하고. 아무한테도 말해서는 안 된다. 어머니한테도."

노아는 너무 놀라서 말문이 막혔다. 하지만 한편으로는 몹시 기대가 되었다.

아버지가 계속 이어 말했다. "많은 애국자들이 영국의 지배를 받거나 세금 내는 걸 못마땅하게 생각하고 있어.

우리는 자유를 위해서 싸워야 할지도 모른다. 그때를 대비해서 준비를 해야 돼."

노아는 몸을 앞으로 기울였다. 그는 조프와 함께 앞으로 일어날지 모르는 전쟁에 대해 자주 얘기를 나누곤 했었다.

아버지가 말을 이었다. "내일 이 심부름을 성공적으로 해낸다면, 너는 그 준비에 한 몫 단단히 하는 거야."

아버지는 노아가 대답하기 전에 곰곰이 생각하는 것을 보고 기특하게 여겼다. 노아가 점점 어른이 되고 있다는 뜻이었다.

"도와 드리고 싶어요, 아빠. 무슨 심부름이죠?"

아버지가 설명한 뒤에 노아한테 들은 말을 다시 반복해 보라고 했다. 노아는 토씨 하나 틀리지 않고 그대로 반복했다.

다음 날 아침에는 비가 내렸다. 아버지는 가족들에게 노아가 수레에 장작을 싣고 강 건너편에 사는 가난한 집에 가져다준다고 말했다. 그는 점심 식사 때나 되어야 돌아올 것이다.

노아는 소를 몰고 통나무로 포장된 평평한 길을 따라

마을을 지나갔다. 그는 통나무 포장 비깥으로 수레바퀴가 미끄러져 길 양옆에 있는 진흙탕에 푹 빠질까 봐 겁이 났다.

"장작 밑에는 밀가루 포대 스무 개가 있어." 그는 어제 아버지한테서 들은 내용을 되새겼다. "그 포대 속에는 각각 5파운드 종이돈이 가득 들어있어."

그때 농부 크레이븐 씨가 말을 타고 지나갔다. 그는 토리당이었다. 그는 노아의 수레에 실은 짐을 쳐다보았다.

"어린 웹스터, 왜 학교에 안 갔지?"

"강 건너편에 사는 집에 장작이 필요해서요. 아빠와 아브람이 바빠서 제가 가져가는 길이에요." 노아가 대답했다. 다행히 만일 길에서 누굴 만나면 그렇게 말하라고 아버지가 미리 일러주었다.

하트퍼드 시 동쪽에 있는 톨게이트 다리에 도착했을 때 여전히 비가 오고 있었다. 거기서 작은 길로 빠져 나간 뒤, 곧장 통나무 오두막집으로 가서 헛간으로 들어갔다. 농부 세 명이 그를 맞이했다.

"잘왔다, 어린 웹스터." 그중 한 사람이 말했다. "아무 문제 없었니?"

"없었어요. 크레이븐 씨가 저한테 말을 걸었지만⋯."

"좋아. 이제 짐을 내리고 네 수레에 다시 짐을 싣자. 아버지께 우리가 최고로 좋은 머스켓 총 50자루를 샀다고 말씀드려라."

곧 그들은 짐을 내리고, 그 자리에 총과 노란 옥수수를 실었다.

노아가 해야 할 심부름이 한 가지 더 남았다. 그는 수레를 몰고 변호사 빈 씨 사무실로 간 뒤, 사무실 뒷편에 소를 묶었다. 그리고 서둘러 안으로 들어가 쪽지를 전해 주고, 다른 쪽지를 받아서 들고 나와야 했다.

빈 씨는 나이가 많아 손을 덜덜 떨었다. 그는 쪽지를 읽으며 고개를 끄덕였다. 그러더니 책상에 앉아 편지를 쓰기 시작했다.

노아는 주위를 돌아보았다. 식탁에는 책이 여러 권 있었고, 마룻바닥에는 종이와 책들이 떨어져 있었다. 빈 씨의 펜이 끽끽 소리를 냈다. 노아는 틀림없이 자기가 그 펜을 고칠 수 있다고 생각했다.

빈 씨는 쓰다가 인상을 찌푸렸다. 그러더니 쓰던 편지를 찢어버리고 다른 종이에 쓰기 시작했다. "서기가 병이

낯어. 그가 항상 편지를 써 주는데." 그가 말했다.

"저도 글씨를 잘 써요. 빨리 쓰고요. 제가 도와드릴까요?"

빈 씨가 안경 너머로 노아를 쳐다보더니 미소를 지었다. "자신만만하구나. 몇 살이지?"

"열한 살이에요. 곧 열두 살이 돼요."

"네 이름을 서명해봐라."

노아가 이름을 썼다.

"좋아! 내가 갈겨 쓴 걸 잘 베껴봐라. 네 아버지가 읽으실 수 있도록."

노아가 곧 편지를 완성했다. 그는 그 쪽지를 주머니에 넣고 사무실에서 나갔다.

"참 장하다. 여기 반 센트를 줄 테니 받아라." 빈 씨가 말했다.

노아가 감사를 드렸다. 그때 한 가지 생각이 떠올랐다. "빈 씨, 혹시 글씨를 써드리면 돈을 주시나요? 제가 그 일을 하고 싶어요."

"학교가 끝나면 사무실로 오너라. 너한테 보수를 주고 시킬 일이 있을 것 같다."

"알겠습니다. 다시 올게요." 노아가 말했다. "아, 만일 아빠 농장에 제가 없어도 된다고 하시면 말이죠."

그는 기뻐서 환성을 지를 마음이었지만, 밖으로 나가자마자 남자아이들 세 명한테 고함을 쳤다. 그들은 수레에 실려 있는 옥수수를 던지며 싸움을 하고 있었다.

"그만해!" 노아가 소리쳤다. 그는 채찍을 집어서 그들을 쫓으려고 했다. 곧 그들은 흩어져 달아났다. 하지만 그가 다시 수레로 돌아왔을 때, 머스켓 총 두 자루가 밖으로 드러나 있었다.

노아는 주변을 둘러보면서 그걸 다시 감췄다. 주위에는 아무도 없었다. 그 아이들이 눈치를 못 챈 것 같았다. 그는 재빨리 자리에 앉아 소를 몰았다.

아무도 그를 따라오지 않았다. 그는 빠른 속도로 헌장 참나무를 지나갔다. 그는 그 나무처럼 자신도 자유를 위해서 한몫 단단히 하는 것이 자랑스러웠다.

그는 하트퍼드를 벗어날 때 반 센트 동전을 꺼냈다. 그 돈이 주머니 가득 들어있다면, 아니 두 주머니 가득 들어 있다면 기분이 어떨지 궁금했다.

"이제 아브람은 내가 내 방식으로 돈을 벌 수 있다는 걸

인정하겠지." 그가 생각했다.

그가 집 쪽으로 절반 넘게 갔을 때, 두 남자가 말을 타고 지나가다가 그에게로 왔다. 두 사람 다 처음 보는 사람들이었다. 그들이 소리를 치자 노아가 멈추었다.

"수레는 수렌데, 장작도 없고 어른도 없잖아." 한 사람이 말했다. "얘야, 소가 끄는 수레에 장작을 가득 싣고 이 길로 지나가는 사람 못 봤니?"

"못 봤어요."

키가 더 큰 사람이 말에서 내려 수레 가까이 다가왔다. "이 근처에 방앗간이 있니?"

노아는 생각하는 척했다. "본드 씨 방앗간은 하트퍼드에서 북쪽이에요. 여기는 남쪽이고요." 그가 말했다.

"학교 가는 날인데 넌 어딜 갔다 오는 거냐?"

"말 먹이는 옥수수가 필요해서 시내에 갔다 왔어요. 우리 말은 제너럴인데요…."

그 사람이 손으로 옥수수를 훑더니 몇 개를 집었다.

"진짜로 장작을 싣고 가는 남자를 못 봤단 말이지?"

"네. 제가 오는 동안에는 그런 사람은 안 지나갔어요." 노아가 말했다.

두 사람은 다시 말을 타고 터벅터벅 하트퍼드 쪽을 향해서 갔다.

....

"아빠, 정말 무서웠어요." 잠시 후 놀란스 씨 헛간으로 안전하게 들어온 노아가 말했다. "한 남자가 계속 옥수수를 뒤적거렸어요."

"정말 잘했다, 노아." 노아의 얘기를 듣고 나서 놀란스 씨가 말했다. "오늘 넌 자유를 위해 단단히 한몫을 한 거야."

그는 반 센트 동전을 가족들한테 보여주려고 저녁 식사 때까지 기다렸다. 그리고 어떻게 그 돈을 벌었는지 얘기했다.

"단지 종이 한 장에 글을 베꼈는데 반 센트를 받았단 말이야?" 아브람이 말했다.

"아빠, 농장에 제가 없어도 된다면 이번 여름에 일주일에 한 번씩 시내에 가도록 허락해주시겠어요?" 노아가 물었다. "걸어서 갈게요."

"어디 두고 보자. 네가 돈을 벌 방법을 발견했다니 좋은 소식이구나." 아버지가 말했다.

"그 동전 잠깐만 가지고 놀아도 돼?" 찰리가 물었다.

"안 돼, 찰리. 난 엄마처럼 돈주머니에 넣어 놓을 거야. 지금은 한 개지만, 나중에 돈을 벌어서 더 많이 넣을 거야." 노아가 말했다.

"그리고 그 주머니를 네 나무 속에 감춰놓을 거냐?" 아브람이 짓궂게 물었다.

노아의 참나무는 이제 찰리만큼 키가 자랐다. 가족들이 웃자 노아도 덩달아 웃었다. 그는 그 참나무로 놀림을 많이 받았지만 아무렇지도 않았다.

13.
메이플시럽 캠프

"노아가 도대체 어디 갔을까?" 어머니가 말했다. "3년전 눈보라가 친 날 말고는 이렇게 늦게 온 적이 없었는데."

"노아가 오는 소리가 들려요. 소리를 지르면서 와요. 무슨 일이 있었나 봐요." 찰리가 말했다.

"아빠! 아브람! 수액이 흘러요!" 노아가 부엌으로 뛰어 들어오면서 소리쳤다.

"어떻게 알아?" 아브람이 물었다.

"학교에서 돌아오면서 메이플 나무 언덕을 지나왔어.

메이플 나무 네 그루의 둥치를 찔러봤는데, 칼날에 달콤한 설탕물이 묻어 나왔어." 노아가 자랑스럽게 대답했다.

"눈방울 새는?"

"나무 마다 붙어서 수액을 빨아 먹고 있어."

"뉴스가 한 가지 더 있어. 놀란스 씨가 그러시는데 죠프가 여기 와서 우리와 함께 캠프를 한대."

"노아, 너무 흥분해서 저녁 식사에 늦게 오면, 메이플시럽 캠프에 안 데려갈 거다." 아버지가 엄하게 말했다.

"알겠습니다." 노아가 말했다.

아버지는 집에서 5마일 떨어진 숲에서 매년 메이플시럽 캠프를 열었다. 노아도 죠프도 이번에 처음으로 메이플시럽 캠프에 가게 된 것이다.

그 캠프는 남자들 여러 명이 아들들을 데리고 와서 5일에 걸쳐 함께 일을 나눠 하며 메이플시럽을 만드는 것이다. 캠프 대장인 팀 라인 씨는 유쾌하면서도 성실한 벌목꾼이었다.

캠프를 준비하는 데는 오래 걸렸다. 이제 아버지는 사흘 후에 캠프를 하기로 했다.

"교차로에 서 있으면 아침 식사 후에 널 데리러 갈게. 쇼니는 데려갈 수 없다고 하셨어." 노아가 미안하다는 듯이 그에게 말했다.

"높은 체 하는 거 아냐?" 죠프가 놀렸다.

노아가 웃었다. 이제 좋은 친구가 된 두 소년은 처음 만났을 때를 기억하며 서로 농담을 했다.

....

그들이 죠프를 데리러 왔을 때는 비가 오려고 했다.

"노아, 내가 새로 만든 주둥이 어쨌어?" 아브람이 물었다. "내가 너한테 줬는데."

"여기 내 주머니에 있어."

반원 모양의 주둥이는 참피나무를 깎아서 만든 것이다. 메이플나무의 둥치에 땅에서부터 1미터 반 정도 높이에 V자 홈을 낸 뒤 주둥이를 한 개씩 꽂아 놓는다.

수액이 그 주둥이를 따라 1미터 길이의 먹이통에 떨어진다. 그 먹이통은 인디언들이 하듯이 버터넛나무를 파서 만든 것이다. 한 통에 수액이 5리터 들어갔다.

"제일 먼저 뭘 해?" 죠프가 물었다.

"팀 라인 대장님이 시키는 대로 하면 돼. 재빨리 움직

어야 할 거야." 아브람이 말했다.

"그는 밤마다 모닥불 가에서 인디언 얘기를 들려주셔." 노아가 덧붙였다. "아브람이 그러는데 무섭대. 팀 대장님은 거의 머리 가죽이 벗겨질 뻔했대."

웹스터 가족이 제일 먼저 도착했다. 모두 모이는 동안 비가 내리기 시작했다.

"메이플시럽 캠프 20년 만에 비가 오기는 처음이야." 아버지가 말했다.

몸집이 큰 팀이 소나무 가지로 덮인 헛간 위에 앉아 있었다. "안녕하시오, 집사님!" 그가 불렀다. "노이가 캠프를 할 때가 됐지. 그런데 또 다른 소년은 누군가?"

아버지가 설명해 주었다.

"노이와 조프, 얼른얼른 움직여. 저기 블러디할로에 가서 불 피우는 작은 가지들을 가져와. 작년 가을에 거기다 모아 놨었지. 아브람, 넌 나무에 홈을 파기 시작해라." 팀 대장이 지시했다. "집사님, 수레에 있는 것들을 덮개로 덮어 놓읍시다."

"블러디할로가 어디예요?" 노아가 물었다.

"저기 저곳에 있는 도깨비들이 사는 곳이야. 나무 썰매도 가져와라. 그 헛간에 같이 있어."

노아와 죠프는 곧 죽어서 쓰러져 있는 나무들, 오래된 나무 둥치들, 속이 텅 빈 통나무들, 그리고 얼기설기 자란 덤불을 헤치고 걸어갔다.

"도깨비가 뭐야?" 죠프가 물었다.

"나도 모르겠어. 아마 유령인가 봐."

"넌 유령이 있다고 믿어?"

"몰라. 있을지도 모르지."

커다란 창고에 다다르자 그들은 작은 나뭇가지들을 많이 모았다.

"그 정도면 쓸만해." 팀이 말했다. "저기 내려놔. 그리고 가서 빗자루를 가져와서 이 헛간 앞에 있는 눈과 나뭇잎들을 쓸어라."

아버지와 아브람은 이미 첫 번째 나무에 물동이를 받혀 놓았다. 수액이 계속해서 방울방울 떨어지는 소리가 빗소리 가운데서도 들렸다.

다른 남자들이 아들들을 데리고 도착했다. 팀은 그들에게도 일을 시켰다. 소년들은 수레를 원으로 배치해서 소를 가둬 두는 울타리를 만들었다. 그 한가운데 큰 모닥불을 지폈다.

　남자들은 팀과 함께 일했다. 끝이 Y자로 갈라진, 튼튼하고 생생한 삼나무 가지를 세 개씩 모아 서로 2미터 간격으로 땅바닥에 박았다. 그 세 개의 가지 위에 또 다른 튼튼한 기둥을 가로질러 세모로 놓았다. 그런 것을 여러 개 만들었다. 이제 거기에 쇠 냄비를 걸어 메이플시럽을 끓일 것이다.

　각각의 냄비 밑에 불을 붙였다. 이제 수액을 받은 물동이를 냄비에 붓기만 하면 되었다.

　"이제 가져오시오!" 팀이 소리를 질렀다.

　아브람과 다른 소년들은 경주를 했다. 아브람이 이겼다. 모두들 소리를 치며 환성을 질렀다. 해마다 열리는 메이플시럽 캠프가 드디어 시작된 것이다!

　"불을 경비하는" 첫 번째 그룹이 임무에 들어갔다. 수액을 센 불에 끓여서는 안 된다. 약한 불로 오래 끓여야 한다.

　"그 기다란 막대기는 어디에 쓰는 거지? 고기 조각을 붙여 놓은 막대기 말이야." 노아가 물었다.

　"돼지고기 막대기야." 아브람이 대답했다. "수액이 끓어 오르려고 하면, 경비가 그 고기를 수액 거품에 갖다 대.”

“그러면 수액이 끓어 넘치지 않는단 말이야?” 노아가 물었다.

“대부분 그래.” 아브람이 말했다.

이제 모두 다 캠프 준비를 마쳤다. 저녁 식사가 준비되었다. 이야기를 나누고, 노래를 하며 모닥불 주위에 앉아 하루 중 가장 좋은 시간을 즐기고 있었다.

그런데 안개와 습기와 비 때문에 불평하고 신음하는 소리가 들렸다.

“불평들 그만하라고.” 팀이 말했다. “오늘같이 안개 낀 밤이면 영락없이 블러디할로에서 도깨비가 나올 테니까. 이번 겨울에 그 도깨비를 본 사람들이 있어. 장난이 아니야.”

“무슨 뜻이에요?” 캠프에 처음 온 소년들이 물었다. 죠프와 노아는 서로 얼굴을 쳐다보았다. 그들은 모닥불 가까이로 몸을 당겼다.

14.
도깨비

 "아주아주 오래전에 인디언들이 서로서로 다른 부족 인디언을 죽이고 있었지. 맞아. 그러다 한 인디언 부족이 거의 다 죽음을 당해서 블러디할로에 묻혔어.

그런데 시체들 중 하나가 땅바닥에 나동그라져 있었어. 그 불쌍한 야만인은 자기 머리를 찾고 있었어.

그래서 희미한 불덩이가 돼서 돌아다닌다고들 해. 난 직접 눈으로 본 적은 없어."

"그걸 믿으세요? 누가 장난으로 한 말이겠죠." 한 남자가 말했다.

"어쩌면 그럴 수도 있지요." 팀이 말했다.

비는 그쳤지만 엷은 안개가 블러디할로에서부터 몰려왔다.

노아는 잠을 잘 수가 없었다. 부엉이가 붕붕거렸다. 늑대가 언덕 위에서 울부짖었다. 그는 일어나 앉아서 자고 있는 사람들을 둘러보았다. 그들은 모두 잠이 들었고, 코를 고는 사람도 있었다.

그는 수액이 끓고 있는 냄비를 바라보았다. 아버지와 또 다른 사람이 조심해서 그것을 돌보고 있었다.

그는 블리디할러쪽을 쳐다보았다. 갑자기 나무 둥치와 덤불 사이로 불빛이 지나갔다! 그것은 잠시 멈추더니 다시 움직였다.

노아는 비명을 지르려고 했다. 처음에는 목소리가 나오지 않았다. 마침내 소리를 내자 사람들이 잠에서 깼다. 하지만 도깨비는 온데간데없었다.

"노이, 얼른 자. 꿈을 꾼 거야." 아브람이 말하며 웃었다.

"무서운 꿈을 꿨구나." 또 다른 사람이 말했다.

"무서운 얘기는 아이들한테 좋지 않아." 세 번째 사람이 말했다.

"이불을 꼭 덮고 자라, 노아." 아버지가 말했다. "유령이란 건 없어."

"노아, 유령을 봤어?" 죠프가 속삭였다.

"응. 잠들었던 게 아니야. 꿈도 아니야. 옛날 얘기는 별로 안 무서웠어. 진짜로 불빛을 봤다고. 마치 사람, 아니 유령처럼 그 불이 움직였어. 뭔가 찾고 있는 것 같았어."

"진짜야?"

"진짜야." 노아가 말했다. "두고 봐. 내가 증명할 테니까."

"어떻게?"

"나도 몰라. 하지만 증명할 거야." 노아가 말했다.

다음 날은 해가 비추었다. 하지만 노아는 여전히 마음이 편치 않았다.

"네 도깨비는 잘 있냐?" 한 사람이 물었다.

"그 도깨비를 단단히 묶어 놔야 할 거야. 한밤중에 돌아다니지 못하게 말이야." 두 번째 사람이 말했다.

"가서 도깨비가 자기 머리 찾는 걸 도와주지그래, 노이?" 새로 온 사람이 놀렸다.

"아무래도 그래야 할까 봐요." 노아가 천천히 말했다.

팀까지도 그 말을 듣고 웃었다.

그날 오후 노아는 아브람과 죠프와 함께 메이플시럽의 불을 경비했다. 그의 옆을 지나가며 놀리지 않은 사람은 거의 없었다. 노아는 화가 났다.

"팀이 사람들한테 놀리지 말라고 말을 해줘야 돼." 이윽고 죠프리가 말했다. 그는 팀이 근처에서 듣고 있다는 사실을 몰랐다.

"아니, 죠프." 그 벌목꾼이 말했다. "노이가 그걸 이겨내야 돼. 얼마든지 해낼 수 있어."

노아는 그 말을 들으며 수액을 감시하는 것을 잠시 잊었다. 갑자기 수액이 냄비에 넘치도록 끓어올랐다. 그는 돼지고기 막대기를 얼른 수액에 담갔다.

"뒤로 물러서, 노이. 끓어 넘치게 내버려 둬. 잘못하다가는 불에 델 수도 있으니까." 아브람이 차분하게 말했다.

노아는 곧 화가 풀렸다. 아마도 끓어 넘치는 수액에 돼지고기 막대기를 담갔을 때 마음이 다 풀린 것 같았다.

"노이, 냉정함을 잃지 마라." 팀이 말했다.

"노이는 할 수 있어요." 아브람이 자랑스럽게 말했다.

저녁 식사 시간 바로 전에 두 소년은 도깨비에 대해서 계획을 짰다. 그들은 번갈아가며 보초를 서기로 했다. 노아가 먼저 하기로 했다.

"잠이 들려고 하면 널 깨울게." 그가 말했다. 그는 담요를 몸에 감고 나무에 기대어 앉았다. 다음 날 아침 죠프가 일어나보니 노아는 아직도 거기에 앉아서 자고 있었다.

노아는 잠들어 버린 게 부끄러웠다. 하지만 결심은 변하지 않았다. "오늘 밤에 다시 하자." 그가 말했다. "이번에는 돌멩이나 뾰족한 나뭇가지 위에 앉아야겠어. 그러면 잠이 못 들 테니까."

캠프에서는 모든 사람이 각각 할 일이 있었다. 수액을 거두어왔다. 묽은 수액을 끓이는 동안에는 단 한 번만 저어야 되는데, 쉬지 않고 지켜봐야 한다. 시럽이 비로소 되직해지면 계속 저어서 타지 않게 해야 한다.

내년에 사용할 나무를 잘라서 쌓아놓았다. 죠프와 노

아는 불 때는 잔 나뭇가지를 주워서 블러디할로 안에 숨겨 두었다. 노아는 일하는 동안 계속 멈춰서 살펴보며 귀를 기울였다.

"무슨 일이야?" 죠프가 물었다.

"죠프, 오늘 밤에는 자지 말고 지켜봐야 돼. 난 절대로 안 잘 거야."

조프는 걱정이 됐다. "글쎄, 도깨비가 있는지 없는지도 모르잖아. 너희 아버지는 뭐라고 하실까?"

"비밀이야. 아무한테도 알리면 안 돼."

저녁 식사가 준비되었다. 모두 다 지쳤다. 그들은 어두워지기 전에 모두 잠자리에 들었다.

노아와 죠프는 담요를 몸에 둘둘 말고 누군가 코를 골 때까지 기다렸다.

"자, 가자." 노아가 속삭였다. "조용히 해야 돼!"

두 사람은 마치 그림자처럼 살금살금 블러디할로 쪽으로 갔다. 이제 그곳에 다다라서 몸을 똑바로 펴고 나니 무서워졌다.

마치 텅 빈 통나무 속을 긁어내는 듯한 소리가 들렸다.

반쯤 죽은 나무, 둥치만 남은 나무, 덤불들이 안개 낀 밤에 마치 유령처럼 보였다. 부엉이 한 마리가 스쳐 날아갔다. 무언가 그들의 발 위를 미끄러지며 지나갔다.

그들은 몸을 부르르 떨며 한 덤불 속으로 숨어 들어갔다.

비는 그쳤지만, 안개 때문에 공기는 습하고 무거웠다. 그들은 귓속말로 속삭였다.

"노이, 유령은 투명해서 몸의 뒷부분이 훤히 보인다는 사실 알아?"

"아니. 그런데 머리가 없는 도깨비가 어떻게 길을 알고 찾아간다는 거야?"

그들은 기다렸다. 몸이 부들부들 떨렸다. 늑대들이 멀찌감치 언덕 위에서 부르짖었다.

"노이, 가자. 난 사실 무서워."

"나도 무서워. 하지만 난 여기 있어야 돼. 너 먼저 가."

"나 혼자는 안 가. 노이, 그 날 밤 분명히 꿈꾼 게 아니야?"

"쉬--! 저 덤불 속에서 뭔가 움직이고 있어. 들어봐! 마치…."

"저것 봐!" 죠프가 속삭였다. "저 텅 빈 통나무에서 뭔

가 나오고 있어. 저게 뭘까?"

개 한 마리가 기어서 나왔다. 그 몸은 빛에 비쳐서 반짝였다. 개는 몸을 부르르 떨더니 주변을 돌아보고는 하품을 했다. 그리고 마치 음식을 찾는 것처럼 코를 킁킁거렸다.

다시 소리가 들렸다. 그 개는 귀를 쫑긋하더니 이빨을 드러내고 으르렁거렸다. 그리고 숲 속으로 달려갔다. 몸에서 나오는 빛이 나무 사이로 여기저기 보이다가 사라졌다.

"그 도깨비야! 저게 바로 내가 본 도깨비야! 내가 처음 봤을 때도 꼭 저랬어." 노아가 흥분해서 말했다.

"네 말이 맞았구나." 팀이 덤불 뒤에서 나오면서 말했다.

"아저씨가 소리를 내고 있었군요. 우리는 곰인 줄 알았어요." 죠프가 웃었다.

"내가 소리를 냈지. 처음에는 등불을 떨어뜨렸어. 이번에는 저 도깨비를 쫓아내려고 그랬지."

두 소년은 그에게 달려갔다. "아저씨가 여기로 오시는 줄 몰랐어요." 노아가 말했다.

"너희들이 여기 있는 줄 몰랐어. 노이, 가서 저 통나무 속을 만져 봐라. 그리고 뭐가 있는지 이리 가져와."

노아가 놀라서 숨을 몰아쉬었다. 그의 손이 빛으로 반짝거렸다!

"저곳이 그 도깨비의 집이었어." 팀이 설명했다. "저 통나무는 썩은 지 오래돼서 온통 그 썩은 가루가 묻어 있었던 거야. 안개 끼고 습한 밤에는 그게 빛을 내거든."

"그 개털에 이 가루가 잔뜩 묻어 있은 거예요. 그래서 도깨비처럼 보인 거예요." 노아가 재빨리 말했다. "맑은 날에도 이런 빛을 내나요?"

팀이 고개를 흔들었다. "내 그 도깨비가 뭔지 짐작을 했지. 하지만 확인을 해보고 싶었어. 한 번은 그렇게 반짝이는 여우를 봤어. 그런데 솔직히 말해서 너희들, 이 밤중에 여기 오는 게 무섭지도 않았니?"

"무서웠어요. 하지만 그 도깨비가 뭔지 알아내야 했어요." 노아가 말했다. "이 가루를 가져가서 사람들한테 보여줘야겠어요." 그는 건조한 스폰지 같은 갈색 물질을 주머니에 가득 넣었다.

"좋아. 하지만 안개 끼고 습한 날이 아니면 빛이 나지 않는다는 걸 기억해." 팀이 그에게 상기시켜 주었다. 그는 다시 등불에 불을 붙이고 세 사람은 캠프로 돌아갔다.

"사람들을 깨워서 말해줘도 될까요?" 노아가 물었다. "내일이면 맑아질지도 모르고, 모레는 집으로 돌아가야 하는데."

"그들이 너를 놀렸으니 네가 이제 갚아줄 차례지." 팀이 말했다.

처음에는 사람들이 투덜거렸다. 그러다가 그들은 호기심이 나서 질문을 했다. 노아는 자랑스럽게 그 이야기를 들려주었다.

"노이!" 아브람이 블러디할로를 가리켰다.

그 도깨비가 숲 속에서 우왕좌왕하고 있었다. "자기 머리를 찾고 있어." 그는 달리다가 멈추더니, 돌아서서 다시 달렸다. 그의 몸에서 나오는 빛이 마치 어슴푸레한 불덩이 같았다. 이번에는 모두 다 그것을 눈으로 보았다.

15.
보스턴 방문

   메이플시럽 캠프에서 그 도깨비를 본 날로부터 일 년이 지났다. 드디어 노아는 보스턴에 갔다.

노아를 태우고 가던 스트롱 씨 마차가 갑자기 소년들이 몰려 있는 곳에서 멈추었다. 그들은 영국 군인들이 자갈로 포장한 프레몬트 스트리트에서 행진하는 광경을 보고 야유를 보냈다.

몸에 딱 붙는 빨간코트, 늘씬한 바지, 번들거리는 검은 부츠, 모자를 쓴 군인들은 매우 늠름해 보였다.

"바닷가재요! 바닷가재 팔아요!" 소년들이 고함을 질렀다. "돌아가! 영국으로 돌아가!"

군인들이 멈추었다. 그들은 빨간색 코트 때문에 바닷가재라거나 빨간코트라고 불리는 것에 익숙해져 있었다. 군중 속에서 누가 달걀을 던졌다. 그것은 지휘관의 가슴에 맞고 온 사방에 튀었다. 뒤를 이어 썩은 채소들이 날아왔다.

지휘관이 날카롭게 명령을 내리자, 군인들이 두 소년을 뒤쫓아 갔다. 하지만 그들은 쏜살같이 달아났다. 군중들은 흩어졌다. 키가 크고 힘이 센 바닷가재들은 화가 난 채 행진을 계속했다.

"저 소년들은 어떻게 되죠?" 마차가 다시 떠나자 노아가 물었다.

"아마 도망쳤을 거야." 스트롱 씨가 말했다. "오늘 네가 본 장면은 어쩌면 영국과 전쟁이 일어날지도 모르는 징조야. 전쟁이 없기를 바라야지."

"스트롱 씨 같은 애국자들은 전쟁을 해야 된다고 생각해요. 우리는 영국 의회에 대표가 없으니까요." 노아가 말했다.

"만일 우리가 자유를 지키기 위해서 전쟁이 유일한 방법이라면 어쩔 수 없지만, 그렇지 않다면 전쟁은 절대로 옳은 방법이 아니야."

그들은 양편에 큰 공원과 건물이 늘어서 있는 길을 달려갔다. "저곳이 보스톤 공유지야." 스트롱 씨가 가장자리에 나무가 빽빽이 둘러서 있는 들판을 가리키며 말했다. "저기서 소가 풀을 먹고, 소년들이 놀고, 빨간코트도 저기서 훈련을 받지. 이 도시의 중심 지역이야."

그들은 이제 비콘 스트리트로 왔다. 그 길은 구불구불 휘어지며 죠프의 할아버지 로스 씨가 사는 비콘힐로 이어졌다.

노아는 4층짜리 좁다란 벽돌집들이 흥미롭게 보였다. 층마다 바깥에 경사진 계단이 있었고 쇠로 된 난간이 있었다. 그리고 대부분 꼭대기에 둥근 지붕이 있었다. 그 지붕은 작은 방이었다.

그때 노아의 귀에 익은 목소리가 들렸다. "노이, 노이, 위를 쳐다봐! 쇼니와 난 우리 '배'에 탔어. 우리는 네가 오나 지켜보는 중이었어. 금방 내려갈게." 죠프가 할아버지 집 지붕에서 부르고 있었다. 노아가 놀라서 어안이

벙벙한 모습을 보자 스트롱 씨가 웃었다.

　노아가 마차에서 내려서 스트롱 씨가 내리는 것을 도와주었다. 그 때 죠프가 왔다. 죠프는 삼촌이 가파른 계단을 올라가도록 도와드렸다.

　"할아버지는 서재에서 어른들과 회의 중이에요." 그가 스트롱 씨에게 말했다. 할아버지가 나와보지 못해 죄송하다고 전해드리라고 했어요. 삼촌이 옛날에 쓰시던 방에 가서 편안하게 계시라고 하셨어요. 저녁 식사 때에 만날 수 있다고 하셨어요."

　"너희들 먼저 가서 놀아라. 나는 잠깐 눈을 붙여야겠다." 스트롱 씨가 미소를 지으며 말했다. "하나님께서 나를 돌봐주실 테니까."

　노아와 죠프는 빙글빙글 원형으로 올라가는 나선형 계단 세 층을 뛰어 올라가서 4층으로 갔다. 둥근 지붕까지 또 한 층의 작은 계단을 올라가야 했다.

　"여기가 나와 쇼니가 사는 곳이야. 다른 사람은 아무도 못 오는 곳이야. 네가 처음으로 왔어." 죠프가 자랑스럽게 말했다.

　노아가 유심히 둘러보았다.

129

"이 방은 딱 배의 선실 크기야. 그리고 내가 선실처럼 꾸몄어. 난간으로 나가 보자."

지붕에서 나가니 둥근 지붕을 둘러서 나지막한 난간이 있었다. 벽과 난간 사이는 겨우 걸어 다닐만한 공간이었다.

"여기 나와서 바다를 좀 봐." 죠프가 다시 배를 타고 가는 체 하며 명랑하게 말했다. "우현에는 보스턴 항구가 있고, 항구 옆에는 찰즈 강이 있어." 죠프가 오른쪽, 왼쪽을 가리키며 말했다. "그리고 정면에는 보스턴 공유지가 있어. 넌 바로 그 옆을 지나서 항해했겠지."

"맞아. 그 부근에서 적군을 목격했지." 노아가 게임을 거들었다. "그래서 우리가 달걀과 썩은 채소로 공격 했어."

"그게 무슨 말이야, 노아?"

노아가 무슨 일이 있었는지 설명을 해주었다.

"그건 좀 심했는데! 보통 때는 그저 빨간코트라며 비웃기만 했는데, 뭘 던졌다는 말은 처음 들어."

"오늘은 그랬어. 스트롱 씨가 매우 걱정되신 것 같았어." 노아가 말했다.

"이제 토리당과 애국자들 사이에 관계가 굉장히 나빠졌어." 죠프가 말했다.

"전쟁이 일어날까?"

"대부분 그렇게 생각해. 아무한테도 말하면 안 돼, 노이. 농부들이 음식, 머스켓 총, 화약 등을 수집해서 숨기고 있어."

"우리도 그렇게 하고…." 노아가 말을 멈췄다.

"알아. 하지만 말하면 안 돼. 나도 물어보지 않을 테니까." 죠프가 말했다. "선실로 들어가자. 보여줄 게 있어."

안으로 들어가자 그는 사무엘 존슨의 사전을 노아에게 보여줬다.

"죠프!" 노아는 그 책을 보자 감탄에 빠졌다.

"할아버지 책이야. 네가 그걸 사용해도 된다고 하셨어."

노아는 선실의 '벙크'에 몸을 던지고는 눈을 반짝거리며 그 보물을 관찰했다.

"죠프리 도련님, 옷을 갈아입을 시간이야." 문밖에서 헤븐스가 말했다.

"곧 내려갈게요." 죠프가 대답했다.

"왜 옷을 갈아입어?" 노아가 물었다.

"저녁 식사 때에는 정장을 입어야 돼."

"이만하면 좋은 옷 아니야?" 노아가 물었다.

"노아, 할아버지는 두 가지에 대해서 매우 까다로운 분이야. 식사 시간에 늦으면 안 되고, 정장으로 갈아입어야 돼. 그 두 가지야."

"난 이 옷 말고는 일요일 양복밖에 없어. 교회 갈 때 입으려고 했는데."

"그걸 입어. 빨리." 죠프가 명령했다.

"높은 체 하는 거야?"

"나도 그러고 싶지 않아. 하지만 네가 우리 할아버지를 만나보면 알게 될 거야. 정말 엄격하셔."

"좋아! 이 사전을 읽고 싶었는데."

그들은 서둘러 3층으로 내려갔다. 노아가 자는 방은 죠프의 방 건너편에 있었다. 작은 벽난로에서 불이 환하게 타고 있었다. 높은 침대 옆에는 밟고 올라가는 두 계단이 있었고 카노피가 덮여 있었다.

창문이 네 개 있었고, 세수하는 세면대에는 대야, 물

병, 그리고 의자가 있었다. 그의 가방은 열려 있었고, 그의 옷은 침대 위에 놓여 있었다.

옷을 갈아입는 데는 오래 걸리지 않았다. 그들이 차분하게 계단을 내려가자, 할아버지 손님들이 막 떠나고 있었다.

"키가 큰 분이 할아버지셔." 죠프가 속삭였다.

로스 씨는 노아와 죠프리을 보자마자 문간으로 불렀다. "여러분, 제 손자는 이미 아실 테지요. 이 아이는 제 손자의 친구 노아 웹스터예요. 코네티컷 식민지에서 왔지요. 얘들아, 이분들은 내 친한 친구, 존 행콕 씨, 사무엘 아담스 씨, 그리고 폴 리비어 씨야."

"아, 그러고 보니 이 젊은이는 원리 헌장의 식민지에서 왔구나." 행콕 씨가 노아에게 말했다.

"그곳에도 독립심 강하고 애국심 강한 사람들이 살고 있지." 아담스 씨가 말했다.

"그래서 저희는 인디언들한테 돈을 주고 그 땅을 산 거예요." 노아가 자랑스럽게 말했다. "그런데 원리… 그게 뭐죠?"

로스 씨가 머리를 흔들었다.

"노이, 질문은 하지 마." 죠프가 말했다.

"이런 소년들이 있는 한 우리의 장래에는 반드시 자유가 있을 것입니다." 리비어 씨가 노아의 어깨를 다독거리며 말했다.

방문객들이 떠나자 스트롱 씨가 내려왔다. 그들은 함께 커다란 식당으로 들어갔다.

"식탁에서는 너하고 난 말을 하면 안 돼." 죠프가 또 속삭였다.

노아는 놀라기도 하고 몹시 실망하기도 했다. 자기 가족들의 식사방법이 훨씬 더 낫다고 생각했다. 그는 로스 씨와 스트롱 씨가 하는 말이 매우 흥미로웠다. 그들은 농부들과 시민들한테 총과 화약을 숨겨주도록 설득하느라 밤낮으로 애를 쓰고 있었다.

'전쟁이 일어날 거라고 믿고 계시는구나.' 노아가 생각했다. '나도 한몫할 수 있어 정말 다행이야.'

저녁 식사 후 그들은 거실로 갔다. 촛불과 벽난로 불이 생기발랄하게 타고 있었다. '마치 엄마의 응접실 같아. 단지 더 클 뿐이지.' 노아가 벽난로 앞에 앉으면서 생각했다.

"노이, 오늘 오후에 길에서 무슨 일이 있었는지 할아버지께 말씀드려." 죠프가 말했다.

로스 씨는 노아의 얘기를 매우 진지하게 들었다. "달걀과 채소 던지는 걸 직접 봤니?" 그가 물었다. "군인들이 아무 말썽도 일으키지 않았다는 게 틀림없어?"

"네. 저희가 똑똑히 봤어요. 저희가 거기 가기 전에 무슨 일이 있었는지는 모르지만요."

"노아는 변호사가 되고 싶대요." 스트롱 씨가 미소를 지었다. "마치 변호사처럼 말을 하는데요?"

"리비어 씨가 이 얘기를 들어야 돼." 로스 씨가 말했다. "그리고 내일 아침 너희 둘이 해야 할 중요한 심부름이 있다. 나는 너희가 암암리에(implicitly) 복종할 거로 확신한다. 너희가 아무 말 안 해도."

"네." 죠프가 즉각 대답했다.

"암-암-리-에?" 노아가 물었다.

"할아버지가 하신 말씀은 우리가 명령을 받으면 아무것도 묻지 않고 무조건 순종할 거라는 뜻이야." 죠프가 그에게 설명을 해주었다.

노아는 잠시 생각을 했다. "저를 믿으세요. 하지만 아무것도 묻지 않아야 된다면 곤란한데요."

"할아버지, 내일 윈스롭 호가 정박하면 배에 올라가도 돼요?" 죠프가 물었다.

"마크 선장한테 얘기해 놓으마. 그럼 이제 체스 게임을 할까, 죠프? 노아, 너도 체스 게임을 하니?"

"그게 뭔지 모릅니다." 노아가 말했다.

"체스는 훌륭한 게임이야. 우리가 하는 걸 보면 너도 배울 수 있을 거야." 로스 씨가 말했다. 죠프가 작은 식탁과 체스 보드와 체스 말을 가져왔다.

"저는 가서 빌려주신 사전을 읽고 싶어요." 노아가 말했다.

"사전을 읽는단 말은 난생처음 듣는군. 아니다. 게임하는 걸 지켜봐라." 로스 씨가 말했다.

"하지만…." 그때 죠프가 노아의 발을 밟으며 인상 쓴 얼굴을 했다.

노아는 순종했다. 하지만 곧 야간경비가 "아홉 시! 비콘힐 상태 양호!"라고 외치는 소리가 들리자 다행이라고 생각했다. 이제 게임을 중단했다. 그리고 벽난로의 불을 한가운데로 작게 모았다. 각자 거실에 있던 촛불을 가져가서 자기 침실에 있는 양초에 불을 붙였다.

"잘 자거라. 금방 촛불을 꺼야 한다. 아껴야 돼." 로스 씨와 스트롱 씨가 이 층 침실로 들어가기 전에 말했다.

"안녕히 주무세요." 두 소년이 함께 말했다.

"이제 다시 평상복으로 갈아입어. 침대에 들어가서 끼익 소리가 나게 해." 죠프가 속삭였다. "다시 선실로 가는 거야. 하지만 할아버지가 잠이 드실 때까지 기다려야 돼. 네 외투와 담요를 가지고 와."

선실은 아늑했지만 추웠다. 죠프가 촛불 두 개를 가져왔다. "이 양초는 내 돈으로 산 거야." 그가 말했다. "하지만 양초를 아끼는 게 애국하는 건 줄은 몰랐어."

"양초를 아껴야 되지만, 오늘 밤에는 그러지 말자. 난 사전을 읽고 싶어." 노아가 말했다.

그들은 야간경비가 열 시, 그리고 열한 시를 알리는 소리를 들었다. 그때쯤 되자 촛불이 씩씩 소리를 냈다. 노아가 벌떡 일어서더니 앞뒤로 서성거렸다.

"죠프, 난 멍청이야." 그가 말했다. "이 사전에 있는 낱말 중에 아는 게 거의 없어. ABC 순서도 제대로 몰라. 그래서 낱말을 찾을 수도 없어."

"내가 다니는 학교에 다닌다면 너도 잘 배울 수 있을 텐데." 죠프가 말했다.

노아는 잠이 오지 않았다. 죠프가 한 말을 생각하면 할수록 더 마음이 괴로웠다. 마침내 그는 침대에서 나와 죠프 방으로 갔다. 그리고 이불을 확 잡아당겼다.

"일어나! 지금 당장 할 말이 있어. 난 절대로 네가 다니는 그 잘난 학교엔 가지 않을 거야. 난 혼자서 공부할 거야. 그리고 너보다 더 잘할 거야!"

"또 잘난 체 하네! 난 단지 널 도우려고 했을 뿐이야."

"난 도움도 필요 없어. 난 저 훌륭한 커네티켓 식민지 출신이니까. 잘 자!"

"흥, 누가 높은 체 하는 건지 모르겠군." 죠프가 내뱉었다.

노아는 빙긋이 웃었다. 그제야 마음이 풀렸다.

16.
시끌벅적 대난리

 다음 날 두 소년이 해야 할 일은 주 의사당에 있는 아담스 씨에게 편지를 전해주는 일이었다.

"내가 답장을 쓰고 있는 동안 이 방 안을 둘러봐라." 아담스 씨가 말했다. "이 방에서 저 유명한 애국자, 제임스 오티스가 불같은 연설을 했지."

"그가 이 방에서 '대표 없는 과세는 폭정이다.'라고 말했나요?" 노아가 물었다.

"아니. 그건 그가 뉴욕에서 있었던 인지세 의회에 갔을 때였어. 여기서는 그가 세관들이 법정의 허가 없이 사람들 집에 들어가 밀수품 수색을 하지 못하도록 저항했지." 아담스 씨가 말했다.

"저도 그 연설을 들을 수 있다면 좋겠어요." 좁고 기다란 창문 밖으로 광장의 영국 보초병들이 행진하는 모습을 보던 노아가 말했다.

"바닷가재! 너희 집으로 돌아가." 노아가 혼자 속삭였다.

두 번째 심부름은 폴 리비어 씨에게 가는 것이었다. 가는 길에 그들은 아주 큰 느릅나무를 보았다. 그 꼭대기에는 깃대가 꽂혀 있었다.

"이 나무는 자유의 나무야." 죠프가 말했다. "인지세가 최악이었을 때 이 나무가 우리한테 가지를 빌려줬거든."

"어떻게?"

"애국자들인 '자유의 아들들'이 모형 두 개를 거기에 달았어. 알지? 사람 인형 말야."

"누구의 모형인데?"

"하나는 앤드류 올리버 씨야. 그는 여기 살면서 인지세 우표를 보급했어. 다른 하나는 아주 거대한 부츠(장화)

에 뿔이 난 얼굴이 박혀 있는 모형이었어."

"그건 누구야?" 노아가 물었다.

"부트(Bute) 백작이야. 부트(Bute)와 부트(boot, 장화)가 소리가 똑같잖아."

"근사해. 누가 그 생각을 해냈지?"

"사람들이 그러는데, 리비어 씨래. 가자. 배가 부두에 들어오겠어."

"왜 이 나무 꼭대기에 깃대를 꽂아 놓았어?"

"거기에 빨간 깃발을 걸면 시민들이 모두 그 아래에 모이라는 신호야."

리비어 씨는 은으로 된 구두 버클 한 쌍을 만들고 있었다. 햇볕에 그을린 투박한 얼굴을 한 그는 걸걸하고도 힘이 센 농부처럼 보였다.

"소식을 가져왔니, 죠프?" 그가 물었다.

"할아버지께서 노이가 트레몬트 스트리트에서 본 사건을 말씀드리라고 하셨어요."

은세공업자이자 조각가이며 치과의사인 그가 귀를 기울여 들었다. "그 말이 확실하니?"

"네. 제가 봤어요."

리비어 씨는 외투를 걸치고 나가면서 말했다. "마을 시민과 군인들 사이에 마찰이 시간이 갈수록 악화되고 있어. 우리가 그 바닷가재를 제거하지 않는다면, 유혈전쟁이 일어나게 될 거야."

두 소년은 은그릇, 은 찻주전자, 은 버클을 구경했다. "여기다 도토리를 새기면 좋겠어." 죠프가 말했다. "리비어 씨는 이가 빠진 사람들한테 새 이를 만들어 주셔."

그들은 부두로 달려갔다. 죠프는 실망했다. "벌써 부두에 정박해 버렸어. 저기 할아버지와 마크 선장이 세관원과 빨간코트한테 말씀하고 계신다. 가서 들어보자."

"화물은 모두 그 서류에 적혀 있습니다. 우리는 당신들이 부과하는 세금도 인정하지 않지만, 밀수도 인정하지 않습니다." 로스 씨가 화를 냈다. "원하시면 배를 수색하십시오."

두 소년은 선미에서 뱃머리까지 구경했다. 그리고 마크 선장과 함께 점심을 먹었다. 그들은 오후 내내 배 갑판 위에서 놀았다. 어른들은 일을 하면서 논쟁을 하고 노래를 부르고 웃었다.

노아가 인상을 찌푸렸다. "그 이상한 낱말들은 어떻게

생겼어? 화물, 서류, 부과, 인정, … 어떻게 쓰지?" 그가 물었다.

죠프는 고개를 설레설레 흔들었다. 그리고 두 사람은 서둘러 집으로 돌아왔다.

다음 날 이틀 동안 그들은 서재와 선실에서 시간을 보냈다. 로스 씨는 그들에게 집에서 나가지 말라고 지시했다.

그들은 갑판에 서서 빨간 깃발이 흔들리는 것과 사람들이 자유의 나무 밑에 모여있는 광경을 보았다. 빨간코트 군인들이 군중 속에 섞여 있었다.

월요일에는 눈이 왔다. 그날 저녁에는 체스 게임이 없었다. 로스 씨가 서재에서 바쁘게 일을 했던 것이다. 아홉 시가 되기 전에 두 소년은 부엌에 들어가서 간식을 먹었다.

"무서운 일이 벌어졌어." 헤븐스가 숨 가쁘게 들어오며 말했다. "이발소의 견습공이 국왕의 보초병을 놀렸어. 그 보초가 그 소년을 뒤따라 가서 머스켓으로 때려눕혔어. 다행히 다치지는 않았지만, 군중들이 화가 나서 모이고 있어."

두 소년은 계단을 뛰어 올라가 갑판으로 갔다. 교회 종이 울리기 시작했다. 사람들이 등불을 들고 광장을 향해서 몰려들었다.

"나도 갈 거야." 노아가 외투를 입으며 말했다. "무슨 일이 일어나는지 봐야겠어."

"할아버지께서…." 죠프가 말을 꺼냈다.

"화를 내셔도 상관없어! 넌 열네 살이야. 난 열두 살이고. 가자!"

그들은 계단을 날듯이 내려가서 문밖으로 나갔다. 길을 달려 언덕까지 갔다.

"무슨 일이야? 누가 다쳤어? 어디서 일어났어?" 사람들이 소리쳤다.

그들은 세관 건물에 왔다. 보초를 서 있던 빨간코트를 군중들이 벽으로 밀어 붙였다.

"여기 프레스턴 대위와 빨간코트 여덟 명이 있다." 누군가 소리쳤다. "그들을 잡아버려!"

남자들이 뒤에서 밀치며 들어갔다. 노아는 그들을 따라 움직이지 않으면 넘어질 상황이었다. 죠프는 어디에도 보이지 않았다.

"바닷가재! 빨간코트! 너희들, 총 쏘기만 해봐라!" 군중이 고함을 쳤다. 그들은 얼음, 나뭇조각, 눈덩이를 던지기 시작했다.

갑자기 군인 한 명이 미끄러져 넘어졌다. 군인 여덟 명이 군중을 향해 발사했다. 잠시 동안 침묵이 흘렀다. 그리고 군중이 프레스턴 대위를 잡으려고 몰려가자 노아는 넘어지지 않으려고 안간힘을 썼다.

북소리가 들리고 달리는 발걸음 소리가 들렸다. 영국군 연대 지휘관이 마침 제시간에 나타났다. 군인들 무리가 프레스턴 대위와 여덟 명의 군인들을 둘러쌌다.

허친슨 주지사가 주 의사당 난간에 나타났다. 모두 그를 무시했다. 노아는 군중에 떠밀려 거의 시체를 밟을 뻔했다. 여러 명이 죽고 다쳤다.

"노이, 나 여깄어!" 죠프가 불렀다. "이리 올 수 있어?"

"너희들, 여기서 뭘 하는 거냐?" 리비어 씨가 호통을 치면서 노아의 팔을 낚아 채더니, 군중 사이를 밀치며 죠프에게로 갔다.

"프레스턴 대위와 여덟 명의 군인들은 수감되어 재판을 받게 될 겁니다!" 주지사가 소리쳤다. "이제 모두 돌아가십시오!"

"너희들, 나를 따라와라." 리비어 씨가 말했다.

"안 돼요. 집에 가야 돼요."

"약속할 수 있어?" 그가 물었다.

"네." 두 소년이 즉시 대답했다.

그들은 집으로 가는 길에 사람들이 사망자와 부상자를 나르는 모습을 보았다. 집에 들어오자, 로스 씨와 스트롱 씨가 거실에 있었다.

"가서 봐야 했어요, 로스 씨." 노아가 말했다. "허락 안 해주실 것 같아서 저희가 그냥 나갔어요."

"들어와, 얼른 들어와. 그리고 얘기를 해 줘." 스트롱 씨가 말했다. "로스 씨와 난 정말 화가 났다. 겁이 나서 나갈 수가 없는 우리한테 화가 났단 말이다."

"죠프리, 널 다신 안보려고 했다. 만일 네가 나가 보지 않았다면 말이다." 로스 씨가 미소를 지었다. "헤븐스, 이 신사들한테 따뜻한 마실 것 좀 가져와요. 추워서 벌벌 떨고 있으니까."

17.
새로온 목사님

　1772년 11월 어느 추운 날 노아가 사바스하우스 벽난로에 막 불을 지피고 있을 때, 노아의 친구 스티브 코너가 들어왔다.

"너희 부모님도 새 목사님 만나러 교회 가셨어?" 스티브가 물었다.

"응. 왜 교회에는 벽난로가 없는 걸까?" 노아는 이상하게 생각했다.

"교회가 따뜻하면 설교 시간에 졸지 몰라서 그래. 추워야 자지 않고 목사님 설교를 들을 테니까."

"아빠가 그러시는데, 퍼킨스 씨가 설교하면 아무도 졸지 않을 거래." 노아가 말했다.

사바스하우스는 웹스터와 코너 가족이 함께 짓고 사용했다. 교회에서 멀리 사는 사람들은 많은 경우 사바스하우스를 가지고 있었다. 그들은 예배 중간에 집에 가서 점심을 먹는 대신 그곳에서 몸을 녹이고 점심을 먹고 성경을 읽었다.

7미터 반 길이에 3미터 반 너비의 그 집은 한가운데 벽난로와 낮은 칸막이가 있어 두 군데로 나뉘어 있었다. 오늘 웹스터 가족 편에서는 구운 콩, 생강 빵, 사과, 우유가 준비되어 있었다.

"보스턴에 간 여행은 어땠어?" 스티브가 물었다. "영국 군인이 마을 사람들을 총으로 쏘는 걸 봤다면서?"

노아는 오랜만에 그 얘기를 다시 하게 되었다. 그는 매우 실감 나게 얘기했다.

"정말 대단했겠구나! 조만간 바닷가재들과 전쟁이 일어날 것 같아. 이제 뭘 할 거야? 다시 하트퍼드의 홉킨즈 초등학교로 돌아갈 거야?" 스티브가 물었다.

"아니. 너무 비용이 많이 들어. 난 언젠가 대학에 갈 거

아. 이번 겨울과 내년 겨울에 돈을 벌어야 돼. 아버지 돈으로만은 갈 수가 없거든."

"노이, 넌 왜 그렇게 공부를 좋아해? 나는 열여섯 살이 되면 아버지 가게에서 일하기로 했어. 그리고 결혼도 하겠지."

"누구랑 결혼할지 정했어?"

"그렇긴 한데, 확실친 않아. 하지만 우리 마을에는 예쁜 여자들이 많으니까." 스티브가 말했다.

"종이 울린다. 가자." 노아가 말했다.

교회는 사바스하우스 가까이에 있었다. 두 소년은 발끝으로 복도를 걸어갔다. 노아는 남자들이 앉는 쪽에 앉아 있는 아버지 옆에 가서 앉았다. 그는 모자와 외투와 벙어리장갑을 끼고 있었다. 그곳은 마치 바깥처럼 추웠다.

대부분의 여자들은 발에 따뜻한 벽돌을 대고 있었다. 소년들 중에는 개들을 발치에 놓고 따뜻하게 하는 아이들도 있었다.

퍼킨스 씨는 학자다운 얼굴에 낮고 설득력있는 목소리로 설교했다. 노아는 딱딱한 긴 의자의 끄트머리에 앉았다. 오늘은 노아가 설교에 집중하느라 강단 옆에 놋쇠로 만든 모래시계의 모래가 느릿느릿 흘러내리는 것도 쳐다보지 않았다.

퍼킨스 씨는 말할 때 몸을 앞으로 굽히고 말했다. 마치 노아를 보고 말을 하는 것 같았다.

두 시간에 걸친 설교가 끝나자 사람들은 추웠지만 새로 온 목사님 주변에 모였다. 그는 각 사람에게 모두 인사를 했다.

"노아 웹스터, 넌 주의를 기울여 듣더구나. 고맙다." 그가 말했다.

"설교가 재밌었어요. 그런데…."

"질문은 나중에 하거라, 노이." 어머니가 그를 앞으로 걸어가라고 손짓하며 말했다.

"그 어려운 낱말들이 무슨 뜻인지 왜 질문하면 안 돼요?" 노아가 식사하면서 물었다.

"그것도 몰라? 다른 사람들이 모두 악수를 하려고 기다리고 있잖아." 러샤가 말했다.

그들이 오후 예배를 마치고 집으로 오자, 머시와 존이 그들의 아기 둘, 그리고 아브람과 셀리가 그들의 아기 하나를 데리고 와 있었다.

"저희는 어머니가 만들어 주시는 옥수수 죽과 메이플슈가를 먹고 싶어 못 견디겠어요." 아브람이 말했다. "그리고 새로 오신 목사님에 대해서도 듣고 싶어요."

"그는 아주 뛰어난 분이야." 아버지가 말했다. "예일대학을 다녔지. 목사로 있으면서도 계속해서 공부하신다는구나."

"제너럴, 난 예일대학에 갈 테야." 그날 저녁 노아가 말에게 먹이를 주면서 말했다. "어떻게든 돈을 벌어서 날 대학에 보내주시도록 아빠를 도와드려야 하는데."

홉킨스 초등학교에서 배운 공부는 노아에게 도움이 되었다. 이제 그의 맞춤법 공책에는 문장들이 쓰여 있었다. "돈을 벌기 위해서는 일을 해야 된다. 나는 돈을 벌어서 대학에 가고, 아버지께 버터컵의 값을 갚아드리고 싶다."

18.
스노우슈즈와 라틴어 공부

노아는 다시 학교로 돌아갈 것으로 생각하고 빈 씨 사무실에서 하던 일을 그만두었었다. 그러나 이제 학교를 그만두고 돈을 벌기로 했다. '다시 가서 만일 내가 학교에 가지 않게 되었다고 빈 씨께 말씀드리면 다시 일하라고 하실 거야. 일주일에 한 번씩 수레를 타고 가도 되는지 아버지께 여쭤봐야지.' 그는 이렇게 생각했다.

아버지는 고개를 흔들었다. "길이 미끄러워 소가 넘어질 위험이 있어. 일요일에 교회 갈 때만 빼고는 수레를

사용하면 안 되겠다." 노아는 왜 그래야 되는지 충분히 이해할 수 있었다.

"어떻게든 가는 방법을 찾아봐야지." 그는 마구간을 청소하고 있었다. 밖에는 눈이 내렸다.

"진작에 생각했어야 하는데. 아빠의 스노우슈즈를 빌려달라고 하면 되잖아." 하지만 때때로 아브람이 아버지의 스노우슈즈를 빌려 신었다.

노아는 제너럴의 털을 빗겨주며 휘파람을 불었다. 그러다 갑자기 멈추더니 소리를 지르며 집으로 뛰어갔다. "좋은 생각이 났어."

"노아, 오늘 아침 농부의 연감에서 뭘 읽은 거야?" 러샤가 물었다.

"인디언의 스노우슈즈를 한 켤레 만들 거야. 내가 몇 년 전에 눈보라를 만나서 아팠을 때, 그걸 어떻게 만드는지 연감에서 읽었어.

엄마, 사슴 가죽으로 된 끈이 있어야 돼요. 여기에 그렇게 쓰여 있어요. 제가…."

"아빠의 낡은 사슴 가죽 외투가 저기 있으니까 가져다가 잘라서 써도 된다. 뭘 하려고?"

노아는 어머니에게 설명하고 밖으로 뛰어 나갔다. 발삼 나무 가지를 잘라와야 했다.

아버지도 관심이 있었다. 그날 저녁 아버지와 찰리가 작은 나뭇가지에서 잔가지를 쳐내고 큰 가지를 매끄럽게 만드는 것을 도와주었다. 사슴 가죽 외투를 잘라 끈을 만들기 전에 물에 담가두어야 했다. 그 끈들은 작은 가지들을 큰 가지에 묶는 데 사용할 것이다.

사흘에 걸쳐 저녁마다 만든 끝에 마침내 스노우슈즈 한 켤레가 완성되었다. 하지만 그때는 눈이 다 녹아서 노아는 그냥 신발을 신고 빈 씨를 찾아갔다.

그는 왕복 10마일을 걸은 뒤에 지치고 실망한 채 집으로 돌아왔다. 그 전에 일했던 서기가 다시 돌아와 일을 하고 있었다.

"퍼킨스 씨가 우리집에 들렀다 가셨다. 노이, 다음번에 네가 시내에 나오면 찾아오라고 하셨어." 어머니가 말했다. 어머니는 노아가 하트퍼드에 갔다가 일자리를 구하지 못한 걸 알았다.

"엄마, 어떻게 하면 제가 돈을 벌 수 있을까요? 아무리 생각해도 생각이 나질 않아요."

"노아, 농부의 연감에서 근면에 대해서 읽은 것 기억하니? 근면은 열심히 일한다는 뜻이야. '근면하고 기술이 있으면 못할 게 없다'고 했잖니. 한 가지는 너한테 있으니까, 또 한 가지는 시간이 흐르면 얻게 될 거야."

노아가 잠시 골똘히 생각했다. "그럴 거예요, 엄마." 그가 말하며, 가축에게 먹이를 주러 나갔다.

"아빠, 저녁때 읽을 수 있는 책이 있었으면 좋겠어요. 그러면 학교에 다니지 않아도 혼자서 배울 수 있어요." 그가 제너럴에게 먹이를 주며 말했다.

"우리 집에는 책이 66권 있지." 아버지가 눈을 찡긋하며 말했다.

"어디에요?"

"성경에."

"아빠, 아빠가 항상 우리한테 읽어주시잖아요!"

"아니. 조금밖에 못 읽어주지. 애야, 네가 매일 우리한테 읽어주겠니? 그러면 아빠가 엄마를 위해서 부엌 찬장을 만들어줄 수가 있을 것 같아. 그래주면 고맙겠다."

"처음부터 읽을까요?" 그가 물었다.

"그래, 노아. 그리고 목사님을 찾아가는 것 잊지 마라." 아버지가 작은 목소리로 덧붙였다.

"태초에 하나님이 천지를 창조하시니라." 그날 저녁 식사 후에 노아가 성경을 읽었다. "창조란 만든다는 뜻인가요? 성경을 읽다보면 제가 모르는 낱말이 자꾸 나와요."

"노이, 넌 새로 나온 낱말을 적어 두는 공책이 있잖아? 성경 읽다 모르는 낱말을 기억했다가 거기 적어놓는 게

어때? 그러면 나중에 우리가 가르쳐줄게." 러샤가 다정하게 말했다.

다음 날 아침이 되자 들에 하얗게 눈이 덮여 있었다. 하지만 정오가 되서야 스노우슈즈를 사용할 수 있을 만큼 눈이 쌓였다. 모두 다 나와서 구경을 했다. 노아는 스노우슈즈를 신발에 단단히 고정하고 미끄럼을 타듯이 걸어갔다.

"자, 나간다!" 그가 외쳤다.

목사님을 만나러 가니 목사님은 노아의 스노우슈즈에 호기심이 많았다. 그리고 그걸 어떻게 만드는지 알고 싶어했다. 그들은 벽난로 앞에 앉아 함께 차를 마시며 대화를 나누었다.

"노아, 네가 학교에 다니지 못해서 실망했다고 네 아버지께 들었어."

"네. 저는 대학에 가고 싶어요. 하지만 모르는 게 너무 많아서 갈 수 있을지 모르겠어요."

"왜 대학에 가려고 하지?"

"변호사가 되고 싶어요."

"네가 어릴 때부터 공책에 낱말을 적어 왔다고 아버지

께서 말씀하셨어."

"네. 보여 드릴까요?" 그는 주머니에서 가장 최근에 쓴 공책을 꺼냈다.

퍼킨스 씨는 찬찬히 그것을 읽어 보았다. 그가 쓴 낱말과 그의 글씨를 보고 놀랐다.

"이 낱말들 대부분은 성경에 나오는 낱말들이로구나. 그 뜻을 알고 있니?"

"대부분 알아요. 마지막 페이지는 어젯밤에 쓴 거예요. 어머니와 함께 그 낱말들을 공부했어요."

"노아, 라틴어에 대해서 아는 게 있니?"

"아니요. 제 친구 죠프의 책에서 한 번 봤어요. 이상한 (odd) 낱말들이었어요."

"어느 대학에 들어간다고 해도 먼저 라틴어를 알아야 돼. 이 책을 집에 가지고 가. 다 공부하고 나면 돌려줘."

"언제 돌려드릴지 정말 모르겠는데요." 그가 빙긋이 웃으며 말했다. "하지만 노력해 보겠어요."

"나를 위해 글씨를 써주고 돈을 벌 생각 있니? 네 글씨를 보니 아주 잘 쓰는구나."

"네!" 노아의 눈이 반짝반짝 빛났다.

"일주일에 한 번씩 와서 내 책상에 앉아서 두 시간 정도 써 줄 수 있겠니?"

"네. 아빠는 제가 글씨를 써드리면 무척 칭찬하세요. 저는 아주 조심하는(careful) 글씨를 쓰거든요."

"조심스럽게(carefully), 노아."

"저는 아주 조심스럽게 글씨를 써요."

하루 종일 읽어도 시간이 모자랐다. 라틴어 문법은 마치 어려운 수수께끼 같았다. 그는 책에 있는 모든 낱말을 공부하고, 읽은 것은 모두 외웠다.

봄이 왔다. 그는 하루 시간을 잘 나눠서 농장일, 공부, 낱말 공책, 저녁 때 가족들에게 성경 읽어주기를 했다.

4월이 되자 그 책을 다 공부했다.

"그 책이 어땠니 노아?"

"재밌었어요. 그 낱말들을 어떻게 발음하는지는 자신이 없지만, 문법은 다 알아요. 그리고 라틴어를 영어로, 영어를 라틴어로 번역할 수 있어요. 그 부분이 제일 재미있었어요."

목사님은 그에게 시험을 내 주었다. 그가 본 첫 번째 시험이었다. 그는 백 점을 맞았다.

"노아, 예일대학에 가고 싶니?"

"저는 예일대학을 골랐어요. 왜냐하면 우리 식민지에 있고, 또 목사님께서 다니셨으니까요."

"몇 살이지, 노아?"

"이번 10월이면 열네 살이 돼요."

퍼킨스 씨가 그에게 미소를 지었다. "하루에 두 시간씩 나하고 같이 공부하면, 1774년 가을에 넌 예일대학에 들어갈 수 있겠다." 그가 말했다. "네 아버지께 말씀을 드릴게."

"하지만 공부를 가르쳐주시는 대가로 목사님께 드릴 돈이 없어요." 노아가 걱정이 된 얼굴이었다.

"네가 나를 위해 글을 써주면 내가 돈 대신 너한테 공부를 가르쳐주마."

"제가 써야 할 글이 잔뜩 있었으면 좋겠어요! 글씨를 쓸 때 잉크가 번지지 않도록 제가 좋은 펜을 많이 만들어 놓을게요. 저는 열심히 공부하고 또 공부하겠어요!"

집을 나서는 노아는 마치 어른이 된 것 같았다. 그는 아버지만큼 키가 자랐다. 그는 어깨를 활짝 펴고 목을 꼿꼿이 세우고 걸었다.

"노이, 노이, 헛간에 가봐, 얼른!" 찰리가 언덕으로 올라오면서 소리쳤다.

그가 헛간에 들어서자, 버터컵이 낳은 첫 번째 송아지가 일어서려고 비틀거렸다. 버터컵은 새끼한테 코를 비볐다. 노아는 휘파람을 불며 가족들에게 소식을 전하려고 집으로 갔다.

"저 송아지를 팔면, 아빠, 그 돈의 절반은 제가 써도 돼요? 퍼킨스 씨에게 드리고 싶어요. 버터컵 값은 될 수 있는 한 빨리 갚을게요."

"네가 그렇게 생각하기를 바랐다. 그렇게 해야 공정한 거야. 엄마도 그렇게 생각하신다."

어머니가 미소를 지었다. 노이는 어머니가 자기를 자랑스러워 한다는 걸 알았다.

다음 날 아침 노아는 그가 심은 어린 참나무 옆에 서 있었다. 가느다란 그 나무는 이제 그의 키보다 더 크게 자랐다.

회색빛 둥치에서 작은 가지 열두 개가 뻗어나왔다. 가지의 아래쪽은 거칠거칠했고, 위쪽은 공단처럼 부드러웠다. 쥐의 귀만한 크기의 잎도 아주 부드러웠다.

그는 언덕 아래에 있는 아브람의 땅을 내려다보았다. 아버지가 그의 참나무가 서 있는 그 언덕에서부터 전망대 바위까지 이르는 땅을 아브람에게 주었다.

그이후 2년 동안 노아는 열심히 공부하면서 가족들의 낱말도 고쳐주었다.

"거미가 무십다(afeard)고 말하면 안 돼, 러샤. 무섭다(afraid)고 해야지. 엄마, 물을 꾫이는(bile)게 아니라 끓이는(boil) 거예요. 아빠, 콩을 덥는 게(civer) 아니라 덮는 거(cover)예요. 찰리, 그건 굴뚝(chimney)이야, 굴통(chimbley)이 아니고."

그리고 노아가 예일대학에 합격했을 때, 코네티컷 전체에 웹스터 가족보다 더 자랑스러운 사람들이 없었다.

19.
예일 대학

노아는 양손에 가방을 들고 계단에 서 있었다. 평상복 차림이었다. 그의 일요일 정장은 가방에 들어 있었다. 어머니는 앞치마로 눈물을 닦았다.

"왜 우세요, 엄마? 제가 대학에 가기를 바라지 않으세요?" 노아가 물었다.

"물론 가야지. 눈에 먼지가 들어갔나 봐." 어머니가 말했다. "일요일 정장은 반드시 일요일에만 입는 것 잊지 마라. 그리고 학교 도서관에 있는 수천 권의 책들을 모두 읽으려고 하지 마."

"찰리, 계속 학교에 다녀. 열두 살에 학교를 그만두기는 너무 아까워." 노아가 말했다.

"농부는 농장일을 해야지." 찰리의 결심은 확고했다.

"자, 가자, 노아. 아버지가 말했다. "해가 이미 떴는데, 오늘 우리는 거의 40마일을 가야 돼."

노아는 어깨가 굽은 아버지가 제너럴에 올라타는 것을 도와드렸다.

그들은 뉴헤이븐까지 번갈아서 말을 탔다. 그곳에 도착했을 때는 두 사람 다 지쳐 있었지만, 노아는 행복하기만 했다.

그들은 늦게 도착했다. 150명 학생 대부분은 이미 기숙사 건물에서 자리를 잡았다. 기숙사는 예일대학의 세 건물 중 하나였다.

"사무실이 어디 있지?" 아버지가 지나가는 학생에게 물었다.

"두 번째 건물에 있습니다. 얘, 네 이름이 뭐야? 늦게 왔네."

"난 노아 웹스터야. 넌 이름이 뭔데?"

"그건 나만 알면 되니까, 네가 스스로 찾아내, 신입생."

"좋아." 노아가 즉시 대답했다. "찾아내서 알려줄게."

"너 제법 똑똑하구나."

"노아, 가자! 얼른 이 돈을 전해주고, 난 집에 돌아가야 돼." 아버지가 말했다.

대학은 노아가 상상했던 것과는 전혀 딴판이었다. 어떤 소년들은 그를 "시골뜨기"라고 불렀고, 다른 소년들은 코를 막으며 그에게서 구린내가 난다고 했다.

"네 옷을 벗어서 빨고 다른 옷으로 갈아입지 그러니?" 어느 날 교수가 말했다.

"다른 옷은 일요일에만 입어야 돼요. 어머니가 그렇게 하라고 하셨어요. 제가 하고 싶은 대로 할 거예요."

"여기 이 의자에 앉지." 스타일 박사가 말했다. "그리고 이 박하사탕 먹어."

노아는 그날 저녁 자기 집과 퍼킨스 씨와 죠프, 제너럴과 버터컵에 관한 얘기를 했다.

그리고 그들은 노아에 관해서 얘기했다. 먼저 스타일 박사는 그가 대학에서 '별나게' 행동하면 안 된다고 말했다.

"'잘난 체'하면 안 된다는 뜻인가요?" 노아가 물었다. 스타일 박사는 고개를 뒤로 젖히며 웃음을 터트렸다. "내가 하려는 말을 잘 표현하는 말이구나. 잘 생각해 봐. 네가 노력하면 친구들을 사귈 수 있어. 그러니 제발 그 옷을 빨아입고, 그 동안 일요일 정장을 입어라."

 어느 날 노아는 숲 속에서 산책하고 있었다. 그가 생각에 잠겨 있을 때 조 발로와 존 턴벌이 그에게 말을 걸었다. 그와 같은 학년이었다.

 "안녕, 웹스터. 수액이 흐르는지 보고 있어. 칼이 무뎌서 저 메이플나무 둥치에 들어가지를 않아." 존이 말했다.

 "내 칼로 해 봐." 그가 칼을 건네주었다. "작은 가지에 눈방울 새가 콕콕 찌르고 있어?"

 그 칼을 빼내자 아무것도 묻어있지 않았다. 눈방울 새도 없었다. 노아는 그들과 걸어가면서 메이플시럽에 대해서 모두 말해주었다.

 숲에서 나와 길로 들어설 때쯤에 그들은 모두 좋은 친구가 되었다. 그때 노아는 땅바닥에 떨어져있는 피리를 발견했다.

 "오늘 밤에 우리 방에 와." 조가 말했다. "너한테 피리 부는 법을 가르쳐줄 사람이 있을 테니까."

 "혼자서 배우려고 했어. 하지만 네 방에 놀러 갈게." 노아가 말했다.

"너 그 소식 들었어?" 일주일 후 존이 노아에게 물었다. "조지 워싱턴 장군이 우리 바로 옆에 묵고 계셔. 내일 아침 여섯 시에 우리를 점호하신다고 했어. 네가 피리를 불고 우리를 인도하기로 했어."

노아는 할 말을 잃었다. 그동안 많은 일이 일어났다. 그는 음악을 들으면 그대로 피리를 불 수 있었다. 그는 예일대학 부대와 함께 훈련했고, 도시 주변에 바리케이드 치는 것을 도와주었다. 그런데 이제….

"네 시에 연습이야!" 존이 외쳤다.

그날 저녁 학생들은 부츠에 광을 내고 외투를 솔질하느라 난리법석이었다.

"허리를 곧게 펴고! 앞을 똑바로 쳐다 보고. 오늘은 예일의 자랑스러운 날이다. 너희들이 그 명예를 빛내야 한다." 스타일 박사가 명령했다.

소년들은 다음 날 아침 다섯 시에 대열을 이루었다. 곧 워싱턴 장군과 그의 부하가 성큼성큼 걸어 그들에게 왔다.

장군은 부대의 지휘관과 인사를 하고, 부원들에게 인사를 했다. 노아는 허리를 곧게 폈다.

"준비!"

"행진!" 명령이 떨어졌다. 노아는 피리를 불기 시작했다. 처음에는 삑삑거렸으나 곧 제대로 소리가 났다. 노아는 아주 멋들어진 연주를 했다.

그들은 워싱턴 장군을 호위해서 넥브리지로 갔다. 뉴잉글랜드에서 워싱턴 장군이 열병을 하기는 이번이 처음이었다.

"부대를 피리로 인도하는 명예가 나한테 왔다." 노아가 그날 밤 일기에 적었다.

20.
전쟁이 터졌다

곧 콩코드와 렉싱턴 전투가 일어났다. 그러자 식량이 점점 모자랐다. 학생들은 한 달 동안 집으로 돌아가야 했다. 그해 겨울이 되자 각 반마다 교수와 함께 이웃 마을에서 숙식하면서 공부를 했다. 적지만 음식이 있는 마을들이었다.

버지니아에서 메인까지 애국자들은 허리띠를 졸라맸다. 노아는 점점 여위어갔다.

학교는 중단없이 계속 열었다. 마침내 조와 존과 노아는 더 이상 견딜 수가 없었다. 세 사람 모두 군대에 지원

하기로 했다.

"군대에 가야만 무슨 일이 일어나는지 알 수가 있으니까." 존이 그렇게 말했지만 진심은 그게 아니었다.

"그렇게 해야 뭐라도 먹지." 조가 웃으며 농담을 했지만 마음속은 진지했다.

"자유를 위해서 싸워야 돼. 농담할 때가 아니야." 노아가 말했다.

징병 사무실에 가자 의사가 말했다. "옆으로 비켜서라. 자네, 빨간 머리." 그는 재빨리 노아를 진찰했다. 이 소년은 천연두에 걸렸군. 심각한 상태야." 그가 말했다.

그는 병원으로 보내졌고, 거기서 병으로 거의 죽을 지경에까지 이르렀다. 그는 오랫동안 허약한 상태로 누워 있었다. 6월 14일 대륙의회에서 성조기를 국기로 채택했다. 하지만 노아는 자리에서 일어나 경례를 하기도 힘들었다.

노아는 1778년 졸업을 했다. 그는 공부를 우수하게 마쳤고, 좋은 친구를 많이 사귀었다. 조와 존과 노아는 가장 친한 친구였다.

그는 집에 돌아오자마자 하트퍼드로 가서 빈 씨를 만

났다. 빈 씨는 그에게 다음 해 가을부터 법을 해석해달라고 했다.

그는 여름내 농장일을 했다. 가을이 되자 그의 얼굴은 검게 타고 몸은 튼튼해졌다. 그는 아버지에게 자신의 계획을 말했다.

"어디서 살 생각이니?" 아버지가 물었다.

"싼 하숙집을 찾아보겠어요. 조금만 더 있으면 아버지께 의존하지 않고 독립할 수 있어요."

아버지는 그를 대학에 보내기 위해 집을 저당잡혔다고 말했다. 아버지는 비록 고등교육을 못 받은 농부였지만, 스스로 공부해서 지성을 쌓았고 마을 사람 사이에 지혜로운 사람으로 존경을 받았다. 그러기에 자녀들이 공부를 열심히 하고 더 많이 배우기를 원한다면, 힘이 닿는 대로 최대한 도와주고 싶어했다. 그는 노아에게 대륙의회에서 발행한 돈 8달러를 주었다. 독립전쟁이 끝난 뒤 군인들에게 지불해야 할 보수를 비롯해서 전쟁에 소모된 물자로 인해 많은 빚이 쌓이자 대륙의회에서는 지폐를 발행해서 그 빚을 갚으려고 했다. 그러나 실제로 나라에는 그만한 물자가 없었기 때문에 그 지폐는 거의 가치가 없는 돈이었다.

"내가 줄 수 있는 돈은 이게 전부야." 그가 아쉬운 듯이 말했다. "하지만 이제 너 스스로 독립할 수 있는 때가 됐구나."

노아는 너무나 놀라서 아무 대답도 하지 못했다. 그는 그 이후 사흘 동안 가능한 한 혼자 있었다. 그리고 집을 떠났다.

"아빠, 가능한한 빨리 돈을 갚아드리겠어요." 그가 말했다. "당분간 학교에서 가르치면서 돈을 벌게요."

21.
새로운 맞춤법 책

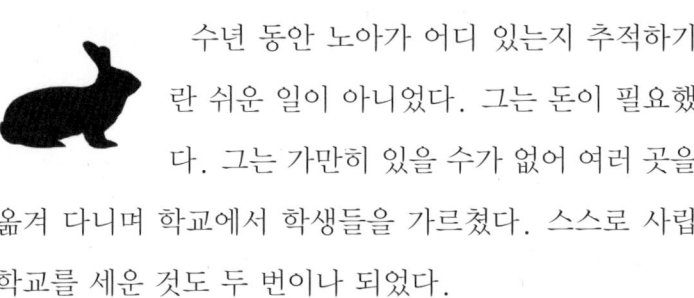수년 동안 노아가 어디 있는지 추적하기란 쉬운 일이 아니었다. 그는 돈이 필요했다. 그는 가만히 있을 수가 없어 여러 곳을 옮겨 다니며 학교에서 학생들을 가르쳤다. 스스로 사립학교를 세운 것도 두 번이나 되었다.

그는 가치 있는 일을 위해서 연설을 했고, 좋은 반응을 얻었다. 이후 그는 코네티컷 큐런트 신문회사에서 일했다. 소책자를 집필하기도 했다. 그 바쁜 가운데도 그는 또 다른 일을 하느라 바빴다. 조와 존과 죠프 외에는 그

가 무엇을 하는지 아무도 몰랐다.

그는 맞춤법 책을 쓰고 있었다. 그는 자기가 어릴 때 공부하던 맞춤법 책이 얼마나 지루했는지 기억했다. 그리고 아이들이 더 재미있게 공부할 수 있는 맞춤법 책을 쓰고 싶었다.

"만일 내가 여러 해 동안 열심히 노력해서 쓴 책을 누군가가 그대로 모방하면 어쩌지?" 노아는 어떤 인쇄업자들이 다른 사람이 쓴 책을 아무 허락없이 인쇄를 해서 많은 돈을 버는 것을 보았다. 책을 쓴 사람은 많은 돈과 시간을 들여서 책을 쓴다 해도, 인쇄업자들이 그 책의 내용을 그대로 가져가서 마음대로 인쇄를 해서 팔면, 책을 쓴 사람은 돈을 벌 수가 없었다. 책을 쓰기 위해 사용한 돈과 노력에 대해 아무런 보상을 받을 수가 없고, 그러면 책을 쓰는 사람들이 점점 더 삶이 어려워지고, 더 좋은 책을 쓰기가 어려워질 것이다. "저자의 책을 허락 없이 베끼지 못하게 하는 법이 있어야 돼. 국회에서 그 법을 통과시키도록 해야겠어."

노아는 식민지들을 돌아다니며 자신의 원고를 보여주었다. 그리고 저작권법을 설정하도록 도움을 청했다.

1783년 그가 살던 식민지에서 그 법이 통과되었다. 매사추세츠에서는 그의 친구들 덕분에 법이 지지를 받았지만, 의회에서는 그것을 거부했다.

"그 법을 통과시키도록 일을 하겠어. 하지만 그러려면 돈이 필요하니까, 내 맞춤법 책을 출판해야겠어."

노아는 도시를 돌아다니며 인쇄소를 찾아다녔다. 그들은 고개를 저었다.

"옛날 책으로 충분해요. 우리 아이들한테 그거면 충분하다구요." 그들이 말했다.

노아는 하루에 한 끼만 먹으며 계속 돌아다녔다.

몇 달리 지나서야 그는 비용의 반을 미리 지불하면 인쇄를 해주겠다는 인쇄업자를 만났다. 노아는 두 손으로 머리를 감싼 채 밤새 궁리했다.

"그렇다면 돈을 빌려야겠어."

죠프는 영국에 있었고, 존의 사업은 부진했다. 조는 돈이 조금 있었지만, 거절했다. "만일 실패하면 우리 둘 다 파산이야." 그가 말했다.

"조, 아이들은 내가 쓴 '아메리칸 스펠러'가 필요해. 최고의 맞춤법 책이라고. 반드시 잘 팔릴 거야."

조가 결국 설득당했다.

초판 5천 부가 인쇄되자 노아는 그것을 팔기 시작했다. 부모들과 아이들 모두 그것을 좋아했다. 순식간에 13개 주 전체에서 그것을 사용하게 되었다. 그 책은 포장마차에 실려 서부로 운반되었다.

처음 오천 권이 다 팔리자, 노아는 조에게 이자를 쳐서 빌린 돈을 모두 갚았다. 그는 만 권을 더 인쇄하도록 주문했다.

그리고 웹스터 힐에 있는 집으로 갔다. 주머니 한 개에는 그 작은 책을, 다른 주머니에는 박하사탕과 건포도를, 그리고 가장 큰 주머니에는 돈을 가득 넣었다.

어머니는 웃으면서 울었다. 아버지는 헛기침을 했다.

"여기, 아버지께 돌려드릴 돈을 가져왔어요." 동전이 짤랑거리며 떨어지는 소리가 유쾌하게 들렸다.

"대학 학비와 버터컵 값이에요." 노아가 자랑스럽게 말했다. "그리고 축하하기 위해서…." 그는 어머니에게 박하사탕과 건포도가 든 봉지를 주었다. "맛있었어요. 저는 어릴 때 이걸 제일 좋아했어요."

어머니는 앉아서 그것을 먹으며 노아가 쓴 책을 읽었

다. 노아와 아버지는 농장일을 하러 밖으로 나갔다.

저녁 식사 후 노아는 자신의 참나무가 얼마나 자랐는지 보러 전망대 바위로 갔다.

"이제 아무도 우리 땅을 빼앗아 갈 수 없어." 노아가 자랑스럽게 집을 향해서 말했다. 노아를 대학에 보내기 위해서 아버지가 집을 담보로 돈을 빌렸었다. 그것은 다시 말해서 빌린 돈을 제 때에 갚지 못하면 그 집을 영영 잃어버리는 것이다. 하지만 이제 노아가 그 돈을 모두 갚았다. 이제 그 집은 다시 아버지 집이 되었고, 아무도 그 집을 빼앗아 갈 수 없었다.

어머니와 아버지가 집 앞 계단에 앉아 있었다.

"노아, 시편 118편을 읽고 싶구나. 지금 우리한테 딱 맞는 말씀이야." 아버지가 말했다. 노아가 부모님 옆에 앉았고, 아버지가 성경을 읽었다.

"오, 여호와께 감사하라. 그는 좋으시니…."

행복하고도 행복한 저녁이었다.

다음 날 아침 일찍 노아는 집을 떠났다. 그는 의회에 다니면서 저작권법을 통과시키려고 노력했다. 그는 나라의 모든 주를 다 다녔다. 그는 사람들에게 저작권에 대해서 설명하고 논쟁하고 또 설명했다.

1789년 그는 보스턴에서 나고 자란 레베카 그린리프 양과 결혼했다. 그리고 다음 해에 메사추세츠 의회가 저작권법을 통과시켰다. 노아에게 두 번째 승리였다.

노아와 레베카는 딸 넷과 아들 하나를 낳았다. 행복한 가정이었다.

노아는 변호사가 됐고, 정치에 관심이 많았다. 그리고 소책자와 신문에 글을 쓰고 연설을 했다.

하지만 20년 동안 그의 마음에는 단 한 가지 소원이 있었다. 아메리칸 딕셔너리, 곧 미국인의 사전을 집필하는 것이었다.

22.
결혼 50주년 기념

 나이가 많이 든 웹스터 부부가 코네티컷 주의 브리지포트를 방문하고 있었다. 1839년 5월 4일은 그들이 결혼한지 50년이 되는 날이었다. 할아버지가 된 노아 웹스터는 채소밭을 거닐었다.

"옥수수를 심을 때야." 그가 껄껄 웃으며 참나무를 바라보았다. "잎이 쥐의 귀만큼 자랐으니까."

그는 키가 크고 허리가 꼿꼿하며 흰머리가 빽빽이 나 있었다. 주름 장식이 달린 셔츠는 새하얀 색이었다. 구두에는 폴 리비어 씨가 만들어준 버클이 번쩍거렸다. 그는 자신이 좋아하는, 주머니 네 개가 달린 외투를 입고 있었다.

주머니 한 개에는 손자와 증손자들에게 줄 박하사탕과 건포도가 들어 있었다. 두 번째 주머니에는 공책과 연필이 들어 있었다. 세 번째 주머니에는 오늘 특별히 쓸 것이 들어 있었다. 네 번째 주머니는 비어 있었다.

웹스터 부인이 미소를 지으며 채소밭으로 나왔다. "결혼 50주년 축하해요!" 그녀가 말했다. "죠프한테서 편지가 왔어요."

그들은 함께 긴 의자에 앉았다. 그는 편지를 읽더니 실망한 눈치였다. "죠프가 근육통이 악화되서 못 온다는군요." 죠프리는 가족을 빼고는 유일하게 초대받은 사람이었다.

"안됐군요. 하지만 손주들과 증손주들을 합하면 집이 가득 넘쳐요." 할머니가 말했다. "서른 다섯명이나 되잖아요. 가서 외투를 갈아입어요, 노이."

"내 주머니에 필요한 것이 가득 들었는데, 어떻게 이걸 갈아입으란 말이에요?" 그가 대답했다. "식사 직전에 갈아 입을게요. 그전에는 안 돼요."

"할아버지, 질문해도 돼요?" 제일 나이 많은 증손자가 채소밭 담장에서 불렀다.

"그래, 러스티. 내가 당장 대답할 수 있는 건지 한번 들어보자. 곧 집에 들어갈게요." 노아 웹스터가 집으로 들어가는 아내에게 말했다.

"할아버지 사전에 관한 거예요. 할아버지 맞춤법 책 만큼 중요한 건가요?" 여덟 살 난 빨간 머리 소년이 땅바닥에 책상다리로 앉아서 물었다.

"그래, 맞춤법 책은 아이들을 위한 거니까 중요하고. 아메리칸 딕셔너리는 어른들, 젊은이들, 아이들 모두를 위한 것이야. 틀림없이 앞으로 네 증손주들이 사용할 거다. 그러니까 아주 중요하지."

"할아버지, 왜 그 사전을 쓰려고 하세요? 학교에 가면 존슨 씨 사전이 있잖아요. 할아버지가 요즘에 낱말 뜻을 쓰고 계시다고 들었어요."

"러스티, 나는 존슨 사전에 있는 모든 낱말을 찾아서 미국사람들한테 올바른 뜻을 가르쳐주려고 하는 거야."

"그렇게 어려운 낱말들을 알아야 돼요?"

"알아야 돼지. 어떤 낱말들은 영국과 미국에서 다 사용하지만, 그 의미가 서로 달라. 나는 미국사람들이 사용하는 의미를 쓰고 있는 거야." 할아버지 노아가 설명했다.

"한 개만 설명해주시겠어요?"

"예를 들면 비누를 만들 때 쓰는 '탤로(tallow)야."

"양 기름 말이군요."

"그래. 돼지기름도 탤로라고 부르니?"

"아뇨. 그건 라드(lard)예요."

"또 맞았어. 영국 사람들은 돼지기름도 탤로라고 해. 존슨 씨는 영국에서 사용하는 뜻을 기록했어. 나는 미국에서 사용하는 뜻을 적고 있지."

"알겠어요. 할아버지 사전에 있는 낱말들 중에 존슨 사전에 없는 낱말들이 있나요?"

"오 천 개가 있지."

"미국에서만 쓰는 낱말 한 개만 가르쳐주세요."

웹스터 씨가 미소를 지었다. "미국에서 너는 셰이버(shaver)야. 어린 소년이란 뜻이지. 그 낱말은 존슨 사전에는 없어."

"아, 그래요? 우리만 쓰는 낱말이 있다니 참 좋아요."

"낱말만 있는 게 아니라 우리 미국사람이 발명한 물건들, 우리만의 법, 우리만의 학교, 우리가 만든 배들이 있지. 내가 아메리칸 딕셔너리를 완성하는 데 28년이나 걸렸어. 하지만 난 그 사전을 쓴 게 몹시 자랑스러워."

"할아버지." 명랑한 세 살 배기 어린 소녀가 불렀다. 그녀는 할아버지 노아의 무릎에 앉아서 주머니를 만져 보았다.

"뭐하고 계세요?" 할아버지와 아이들을 부르러 나온 찰리 사촌이 물었다.

"할아버지 사전 얘기하고 있었어. 미국인들만 사용하는 낱말이 있다는 사실 알았어? 할아버지, 그걸 어떻게 알게 됐어요?"

"나는 수 년 동안 전국을 여행하면서 처음 듣는 낱말은 모두 기록을 했지. 농부들과 대화를 하고, 도시 사람들, 학교 선생님들, 아이들, 교육받지 못한 사람들, 대학생들 할 것 없이 모든 사람들과 대화를 했지."

"할아버지, 우리 선생님이 그러시는데 존슨 씨는 사전을 쓸 때 여섯 사람이 도와줬대요." 찰리가 말했다. "할아버지는 몇 사람이 도와줬어요?"

"아무도 없어. 1824년까지 나 혼자 했지. 하지만 그걸로 부족했어. 그래서 돈을 모아서 파리에서 두 달, 영국에서 넉 달을 살았지. 거기서 낱말을 공부했어."

"노아, 얼른 오세요! 모두 다 모였어요." 할머니가 문간에서 불렀다.

"잠깐, 레베카." 할아버지가 대답했다. "이 아이들한테 마저 설명해 줘야 돼요."

"거기서 사람들이 도움을 줬나요?"

"아니. 오히려 나를 비웃었어. 그래서 난 더 열심히 일하기로 했지. 케임브리지 대학의 큰 도서관에 가서 공부했어. 거기서 내 작업을 완성했어."

"아메리칸 딕셔너리는 미국에서 출판됐죠?" 러스티가 물었다.

"그래. 자, 이제 들어가자! 파티를 해야지. 기억해라. 네가 미국인이란 걸 자랑스럽게 여겨야 한다."

커다란 거실에는 어른들과 아이들로 가득 찼다. 노아 할아버지는 행복한 미소를 지으며 한 사람 한 사람 인사를 했다.

"할아버지, 할머니는 소파에 앉으세요." 러스티가 말했다. "이제 파티를 시작합니다."

일곱 살짜리 소년이 성큼성큼 걸어왔다. 손을 뒤로하고 있었다. 그는 아버지의 안경을 쓰고 자락이 긴 코트를 입었다. 할아버지 노아가 껄껄 웃었다.

"얘들아, 이제부터 모두 내가 좋아하는 노래를 부른다." 그 어린 아이가 말했다. "내가 시작할 테니 모두 따라해라."

그 아이가 할아버지를 흉내 내자 모두 다 웃었다. 할아버지 노아가 제일 많이 웃었다.

"저 녀석이 나보다 나를 더 많이 닮았어." 노아가 말했다. "계속 해봐. 그리고 내가 또 어떻게 하디?"

"자, 얼른 제자리에 앉아. 떠들면 안된다!" 그 어린 소년이 근엄하게 말했다. 소년 소녀들이 할아버지와 할머니 양쪽 옆에 졸막졸막 앉았다. 더 어린 아기들은 어머니들과 함께 그 앞쪽에 앉았다.

"으흠." 그 어린 소년이 인도했다. "하나, 둘, 셋!"

모두 한 목소리로 노래를 불렀다. 노아 할아버지 목소리가 제일 컸다.

이 세상에 좋은 곳 다 다니고,
온갖 즐거움을 맛 보았지만,
제 아무리 초라하고 빈궁하여도
내 집만한 곳 어디에도 없다네.
아늑한 내 집, 화목한 내 집
내 집만한 곳 없다네

온 가족이 계속해서 노래를 불렀다. 메기가 와서 이제 식사준비가 다 됐다고 말했다. "이제 외투를 갈아 입으셔야죠." 웹스터 부인이 남편에게 소곤소곤 말했다. 노아는 자기가 아끼는 낡은 외투를 조심스레 의자에 걸쳐 놓았다.

식사는 만찬이었다. 커다란 식당에 세 벽면을 따라 식탁을 세 줄로 놓았다.

"아이들은 우리가 만든 케이크를 두 조각씩 먹었어요." 할아버지가 할머니에게 소곤거렸다.

"당신은 세 조각 먹는 걸 내가 봤어요." 할머니가 대꾸했다.

덮고 있던 헝겊을 젖혔다. 그렇게 많은 선물이 쌓여 있다니! 대부분 직접 만든 것이었다. 웹스터 가족은 대부분 돈이 많지 않았다. 하지만 손으로 뭘 만드는 데는 아주 뛰어났다.

모두가 모든 선물을 한 번씩 다 보고 나자, 할아버지는 다시 낡은 외투로 갈아입고 헛기침을 했다.

"이제 내 순서로군." 그가 말했다. "아이들한테 각각 선물이 두 개씩 있다. 먼저 한 개로는 뭘 해야 할지 내가 설명할 필요가 없다. 다른 한 개는 내가 설명을 해줘야 돼. 어느 걸 먼저 줄까?"

"설명 안 해도 되는 선물이요." 러스티가 말했다.

할아버지는 소파 뒤에서 상자를 꺼냈다. 거기에는 각각 아이들에게 줄 박하사탕과 건포도 뭉치가 들어 있었다.

"이걸 모두 한꺼번에 먹으란 말예요?" 할머니가 나무랐다.

어떤 아이들은 선물을 받자 하나하나 세어 보았다. 어떤 큰 아이들은 그것을 한 번에 입속에 다 넣어 버렸다.

"이제 설명해줘야 하는 선물 주세요." 찰리가 말했다.

할아버지의 제일 큰 주머니에는 도토리가 가득 들어 있었다. 그는 도토리를 아이들에게 한 개씩 주었다. 그리고 헌장참나무 이야기를 들려주었다.

"이 선물을 집에 가져가서 심거라. 잘 돌봐 줘. 매일 이렇게 말해." "이건 내 나무다. 이건 우리나라에서도 제일 좋은 땅 코네티컷에 심어졌다. 우리나라는 세상에서 제일 좋은 나라다. 나는 미국인이고, 이 나무도 미국 나무다."

러스티가 말했다. "할아버지, 그 얘기 정말 재밌어요. 그리고 그 씨를 심고 매일 그렇게 말할게요."

"눈보라에서 길 잃은 얘기 해주세요." 찰리가 졸랐다.

노아 할아버지는 창문으로 갔다. 그는 옛날 그가 자라던 집의 부엌을 머리에 그렸다. 그리고 어머니 말이 마음속에 들렸다. "노아가 큰 모험을 했구나. 나중에 손주들한테 들려주렴."

노아가 고개를 끄덕이며 옛날에 일어났던 이야기를 들려주었다. 말을 마치고는 손뼉을 탁 쳤다. "이제 밖으로 나가자. 나가서 팔다리를 쭉 뻗어보자."

아이들이 날듯이 달려 마당으로 나갔다.

"애국심은 작은 것에서부터, 그리고 자기가 사는 곳에서부터 시작한단다. 나무 한 그루를 사랑하는 것에서부터지." 노아 웹스터가 조용히 말했다. "집에서부터 나라를 사랑해야 돼지만, 거기서 끝나는 게 아니야. 자기 동네를 사랑하고, 거기서 더 나아가 나라를 사랑하고, 나라를 지키고, 나라의 미래를 위해서 최선을 다하는 거란다."

아이들이 떠날 때 할아버지, 할머니가 손을 흔들었다.
"우리 가족이 우리나라에서 제일 훌륭한 가족이야. 아니 이 세상에서 제일 훌륭한 가족이지." 할아버지 노아가 미소를 함박 머금고 말했다.

여러분, 기억하나요?

1. 눈보라가 치던 날, 노아는 왜 다른 아이들과 같이 집에 돌아오지 않았나?

2. 노아의 집에 유럽에서 바다를 건너온 물건 두 개는 무엇인가? 누가 가져왔나?

3. 헌장 참나무는 왜 그런 별명을 얻게 되었나?

4. 빨간 코트와 바닷가재는 누구를 부르는 별명인가? 왜 그렇게 불렀나?

5. 죠프가 노아의 집에 처음 방문 왔을 때, 노아가 죠프에게 보여준 비밀은 무엇이었나?

6. 노아 집에서는 어떻게 비누를 만들었나?

7. 노아는 자기 수레에서 옥수수를 가지고 놀던 아이들한테 왜 화를 냈나?

8. 메이플시럽 캠프에서 본 도깨비는 실제로 무엇이었나?

9. 노아는 왜 맞춤법 책을 새로 쓰려고 했나?

10. 50주년 결혼 기념일에 노아는 손주들한테 무슨 선물을 주었나?

노아 웹스터가 살던 시절

1758년 10월 16일 아버지 노아 웹스터와 어머니 머시의 네째 아들로 태어났다.

1772년 대학에 가기 위해 교회 목사님한테서 라틴어를 배웠다.

1774년 커네티컷 주 하트퍼드의 예일대학에 들어갔다.

1775년 조지 워싱턴 장군이 예일대학을 방문했을 때, 노아는 군악대에서 피리를 불었다.

1776년 미국 독립전쟁이 일어났다.

1778 예일대학을 졸업하고 법률을 공부하고 싶었지만, 돈이 없어서 그러지 못했다.

1779년 동네 학교에서 아이들을 가르쳤다.

1780년 법률을 공부하고, 사립학교를 열었다.

1783-85년 새 맞춤법 책을 출판하고, 법률사무소를 개업했다.

1885-86년 저작권 법을 통과시키기 위해 노력했다. 레베카 그린리프와 결혼해서 하트퍼드로 돌아왔다.

1812년 메사추세츠에서 입법의원으로 선출되고, 앰허트스 대학 설립에 공헌했다.

1822년 예일대학에서 법학박사 학위를 받고, 프랑스와 영국에 가서 사전을 연구했다.

1828년 미국인을 위한 웹스터 영어사전을 편찬했다.

1843년 5월 28일 85세의 나이로 세상을 떠났다.

유명한 위인은 처음부터 위인이었을까?
위인들의 어린시절

아브라함 링컨: 오두막에서 자란 아이
알렉산더 벨: 말하는 기계를 만든 아이
나다니엘 그린: 스스로 생각하는 아이
벤자민 프랭클린: 책을 좋아한 아이
부커 T. 워싱턴: 꿈이 있는 아이
클라라 바튼: 약한 자를 돌보는 아이
다니엘 분: 어린 사냥꾼
조지 워싱턴: 나라를 사랑한 아이
해리 트루먼: 지도력있는 아이
헨리 포드: 기계를 좋아한 아이
존 마샬: 판단력 있는 아이
존 폴 존스: 천하무적 항해사
노아 웹스터: 사전을 만드는 아이
로버트 풀턴: 만들기를 좋아한 아이
사무엘 모르스: 호기심 많은 아이

토머스 에디슨: 귀염둥이 질문상자
토머스 잭슨: 돌벽 같이 단단한 아이
토머스 제퍼슨: 독립심 강한 아이
율리시스 그랜트: 말을 좋아한 아이
윌리엄 펜: 평화를 사랑한 아이
라이트 형제: 하늘을 나는 아이들
윌리엄 브래드포드: 어린 양를 사랑한 아이
포카혼타스: 말괄량이 소녀
이스라엘 퍼트넘: 장군 같은 아이
캡틴 존 스미스: 모험심 강한 아이
존 워너메이커: 백화점왕이 된 아이
패트릭 헨리: 자유를 사랑한 아이
월터 크라이슬러: 기관사가 되고 싶은 아이
앤디 잭슨: 용감한 아이

(계속 발행됩니다.)

역사 모험 동화

마그나 카르타 제임스 도허티 지음
존왕과 귀족들을 중심으로, 십자군 원정의 영웅 사자왕 리차드, 의적 로빈훗과 그 일당. 의역과 악역이 따로 없으며, 승패의 예측을 불허하는 중세유럽의 대서사시. 말로만 듣던 중세 유럽 봉건제도의 실상을 보여준다. 초등5년 이상

필그림의 나라 제임스 도허티 지음
국가가 강요하는 종교를 거부했던 필그림들은 자유를 찾아 방랑하는 도망자가 된다. 온갖 역경 끝에 신세계의 황무지에 정착하자, 질병과 굶주림의 절반의 목숨을 앗아간다. 생존을 외면하고 자유를 선택함으로써 새 나라의 기초를 놓는 이름 없는 사람들의 가슴 저미는 실화. 초등 5년 이상

아메리카 대장정 제임스 도허티 지음
사상 최초로 북미대륙을 횡단한 루이스와 클락의 탐험이야기. 그것은 한계를 모르고 도전하는 인간의 모험심, 두려움을 거부하는 불굴의 용기, 역경을 정복하는 인간의 의지력의 상징이다. 초등 5년 이상

푸어 리차드 제임스 도허티 지음
정직, 근면, 검약을 신조로 맨손에서 자수성가하는 아메리칸 드림의 원조. 가난한 인쇄공에서 국가 최고 지도자가 되고, 서민의 친구이자 혁명가였던 벤자민 프랭클린. 그의 삶 속에 깔려있는 양키의 진면모를 맛보게 해주는 책. 초등5년 이상

자유이야기 찰즈 커핀 지음
저자의 유쾌한 재치, 거침없는 비판, 치밀한 연구와 예리한 영감이 어우러져 탄생시킨 소설보다 더 감동적인 실화. 목숨을 걸고 진리를 고수하려는 이름없는 사람들의 이야기. 이 책에서 우연히 일어나는 사건이라고는 찾아볼 수 없을 것이다. 중등3년 이상

잠언 생활 동화

참 잘했어요
날마다 지혜를 얻는 아이들. 친척들이 모인 날 티미는 왜 코피가 터졌나? 죄를 우습게 보는 것이 왜 위험한가? 아버지는 한밤중에 습격하는 강도를 어떻게 막을 수 있을까?

이럴 땐 어떡하죠?
어떻게 하는 것이 옳은 행동인가? 어리석은 농담이 어떤 안 좋은 결과를 가져왔나? 쇼핑몰에 간 티미는 어쩌다가 길을 잃어버렸나? 그리고 무엇 때문에 어머니날 불꽃놀이를 놓쳤나?

좋은 친구
피터는 또래집단의 압박을 어떻게 극복하였나? 진짜로 좋은 이름은 어떤 이름인가? 5달러짜리 야구 글러브보다 더 중요한 것은?

선교지 이야기
하나님의 부르심에 응답한 사람들이 어떻게 기적적으로 위험을 모면했는가? 어떻게 용감하게 죽음을 선택했는가? 주님의 용사들은 반드시 승리합니다!

각 권 10,000원 초등 2년 이상